社会组织管理与公益传播

AI时代的创新发展

崔炜 陈春娟 著

中国人民大学出版社
·北京·

序 言

在人工智能（AI）的星辰大海中，每一颗星星都闪耀着独特的光芒，正如每一个社会组织，以其各具特色的公益价值和使命，成为推动社会进步和服务高质量发展的重要力量，在促进经济发展、繁荣社会事业、创新社会治理、提供公共服务等方面发挥了重要作用。AI为社会组织管理和公益传播插上了智能的翅膀，共筑更加美好的未来。

良好的社会组织管理能为公益传播提供坚实的基础和丰富的内容，有效的公益传播能提升社会组织的影响力和公信力，两者相辅相成，共同推动社会公益事业的发展和进步。中国传媒大学政府与公共事务学院公益传播研究中心是全国较早将公益和传播两个领域联合研究和协同推进的科研机构之一，努力搭建一流的公益传播智库和研究平台，积极开展公益传播领域实践和课题研究。

我们编写的《社会组织管理与公益传播——AI时代的创新发展》，是社会组织领域第一部将管理和传播结合在一起的专业教材。无论你是高校的莘莘学子、刚进入公益行业的萌新，还是经验丰富的公益领军人才或行业骨干，都能在此找到知识的营养、灵感的火花和实践的果实。

在本书前半部分，我们梳理了最新的政策动态，包括社会组织名称管理、法人治理、党建工作、财务管理、人才管理以及监督管理。这些政策不仅为社会组织的发展提供了明确的指导，也为社会组织的规范化、专业化、标准化发展奠定了坚实的基础。政策是社会组织稳健前行的灯塔，良好的管理是社会组织稳健前行的保障，因此，以最新的政策为指引，有助于读者构建科学、高效的社会组织管理体系。

在本书后半部分，我们深入探讨了公益传播的含义，以及社会组织传播媒介、新闻工作、舆情管理、品牌建设、社会责任。希望通过传播的视角，帮助社会组织更好地整合媒体资源，传递公益声音，扩大社会影响力，让更多的人了解、参与和支持公益事业。通过案例的剖析，让读者理解社会组织如何在全媒体时代传递正能量，塑造正面形象，赢得公众的信任与支持。

本书的每一章，既对社会组织管理的有关理论和政策进行了阐释，还精心选择了公益领域的典型实例，通过课程导入和扩展阅读的方式，让读者在鲜活的案例中汲取知识、拓展边界。同时，创新性地设计了模拟情景练习环节，如同实战沙盘，使理论知识在模拟操作中得以活学活用，努力实现"知行合一"的效果。

本书是两位作者长期理论研究和实践探索的成果，得到了中国传媒大学政府与公共事务学院的资助和中国人民大学出版社的帮助，得到了董关鹏教授等专家学者的指导和帮助，中国传媒大学研究生荣宝莹参与了本书的案例资料收集和校对工作，在此一并表示感谢。

书中虽力求全面，但难免挂一漏万，诚挚地期待您的指正与反馈。让我们一起，带着对未来的憧憬，翻开这本书的每一页，共同书写社会组织与公益传播的新篇章。

本书作者
2024 年 5 月 5 日

目 录

第一章 ◎ 社会组织概述   001

第一节 社会组织的含义和名称管理   001
一、社会组织的含义   002
二、社会组织的查询方式   004
三、社会组织名称管理概述   004

第二节 社会组织类型和基本特征   006
一、社会组织的类型   007
二、社会组织的基本特征   009

第三节 社会组织的作用和扶持政策   011
一、社会组织的作用   012
二、社会组织的扶持政策   014

第二章 ◎ 社会组织法人治理　　018

第一节　社会团体法人治理　　018
　　一、社会团体的章程　　019
　　二、会员代表大会与会员　　020
　　三、理事会、监事会、秘书处和分支机构　　021

第二节　社会服务机构法人治理　　024
　　一、社会服务机构的章程　　025
　　二、理事会、监事会和执行机构　　026
　　三、法人和举办者　　028

第三节　基金会法人治理　　029
　　一、基金会的章程　　030
　　二、理事会、监事会和执行机构　　031
　　三、分支（代表）机构和专项基金　　033

第三章 ◎ 社会组织党建工作　　036

第一节　社会组织党建工作概述　　036
　　一、社会组织党建工作的重要意义　　037
　　二、社会组织党组织的地位作用和基本职责　　037
　　三、推进社会组织党的组织和党的工作有效覆盖　　039

第二节　社会组织党建工作机制建设　　040
　　一、健全社会组织党建工作机制建设　　041

二、社会组织党建工作的组织领导　　042

第三节　社会组织党建工作的开展　　044

一、社会组织党务队伍建设　　045
二、社会组织党建活动开展　　046

第四章　社会组织财务管理　　050

第一节　社会组织会计核算　　050

一、会计核算的基本原则　　051
二、会计核算的基本内容　　052

第二节　社会组织资产管理　　055

一、资产管理中的制度建设　　056
二、资产管理中的现金管理　　057
三、资产管理中的物资管理　　057

第三节　社会组织收支管理　　059

一、社会组织财务收入　　060
二、社会组织财务支出　　062

第五章　社会组织人才管理　　067

第一节　社会组织人才选聘　　067

一、社会组织人才岗位设置　　068

二、社会组织人才选聘工作　　071

第二节　社会组织人才教育培训　　073
　　一、社会组织人才教育培训的特征　　074
　　二、AI 时代社会组织人才教育培训的路径　　075

第三节　社会组织薪酬激励　　077
　　一、社会组织薪酬管理的基本原则　　078
　　二、社会组织薪酬管理的主要内容　　078
　　三、建立社会组织薪酬正常增长机制　　079
　　四、完善社保公积金缴存机制　　079
　　五、其他社会组织人才激励措施　　080

第六章　◎　社会组织监督管理　　082

第一节　社会组织登记管理　　082
　　一、成立登记　　083
　　二、变更登记、注销登记　　086

第二节　社会组织过程管理　　087
　　一、监管部门职责　　088
　　二、信用信息管理　　090
　　三、年度检查工作　　091

第三节　社会组织评估管理　　093
　　一、评估对象和内容　　094

二、评估机构和职责　　095
　　三、评估程序和方法　　096
　　四、评估等级管理　　096

第七章 ◎ 公益传播　　100

第一节　公益传播概述　　100
　　一、公益传播的产生与发展　　101
　　二、全媒体时代的公益传播　　103

第二节　新媒体公益传播的作用与机制　　106
　　一、新媒体公益传播的作用　　107
　　二、新媒体公益传播的机制　　108

第三节　公益传播案例　　111
　　一、天才妈妈公益项目介绍　　112
　　二、传播特色：多方联动开创公益活动新
　　　　模式　　113
　　三、传递品牌价值　　114
　　四、凝聚社会共识，传播公益价值　　114

第八章 ◎ 社会组织传播媒介　　117

第一节　社会组织媒介环境　　117
　　一、公益传播与传统媒体　　118

二、公益传播与新媒体　　　　　　　　　　120

第二节　社会组织公益传播路径与方法　　　122
　　一、社会组织公益传播的作用　　　　　　122
　　二、社会组织公益传播路径的优化　　　　123

第三节　媒体关系管理案例与实务　　　　　126
　　一、"母亲水窖"项目　　　　　　　　　127
　　二、绿盟公益基金会"中国美丽乡村计划"　129

第九章　社会组织新闻工作　　　　　　　　　133

第一节　社会组织新闻工作概述　　　　　　133
　　一、社会组织新闻工作的重要性　　　　　134
　　二、社会组织新闻工作的基本原则与要求　136

第二节　社会组织新闻工作制度建设　　　　138
　　一、建立和完善新闻发言人制度　　　　　139
　　二、选任和培训新闻发言人　　　　　　　140

第三节　社会组织的新闻发布　　　　　　　143
　　一、新闻发布的形式　　　　　　　　　　144
　　二、新闻发布的流程　　　　　　　　　　145
　　三、新闻发布的内容　　　　　　　　　　147

第十章 ◎ 社会组织舆情管理　　151

第一节　社会组织舆情管理综述　　151
　　一、舆情管理的概念　　152
　　二、全媒体时代的舆情风险　　153
　　三、舆情管理常用工具　　154

第二节　舆情风险管理　　157
　　一、舆情风险管理机制　　158
　　二、舆情管理工作　　159

第三节　社会组织口径库管理　　162
　　一、基本概念　　163
　　二、口径库工作建议　　164
　　三、工作方案　　165

第十一章 ◎ 社会组织品牌建设　　168

第一节　品牌建设综述　　168
　　一、社会组织品牌的概念与功能　　169
　　二、社会组织品牌的提升路径　　170

第二节　社会组织品牌建设与价值提升　　172
　　一、夯实社会组织品牌基础　　173
　　二、提升社会组织品牌价值　　174

第三节 品牌建设实践案例　　　　　　　　**176**

　　一、公益传播提升社会组织品牌价值　　　177

　　二、社会组织品牌管理与创新　　　　　　178

第十二章 ◎ 社会组织社会责任　　　　**182**

第一节 社会组织社会责任综述　　　　　　**182**

　　一、社会责任概述　　　　　　　　　　　183

　　二、社会组织履行社会责任的主要内容　　184

第二节 社会组织 ESG 探索　　　　　　　　**187**

　　一、ESG 评价对社会组织发展的重要意义　188

　　二、社会组织 ESG 发展的评价指标　　　189

第三节 社会组织的社会责任案例　　　　　**192**

　　一、组织介绍　　　　　　　　　　　　　193

　　二、践行乡村振兴战略，积极服务残障者　193

　　三、创新助残就业新业态，实现残障者多元
　　　　发展　　　　　　　　　　　　　　　194

　　四、实际行动践行社会责任，争当先锋模范　194

第一章
社会组织概述

学习目标

1. 学习和了解社会组织的含义和查询方式
2. 学习和掌握社会组织的名称管理
3. 学习和理解社会组织类型和基本特征
4. 学习和理解社会组织的作用和扶持政策

第一节 社会组织的含义和名称管理

课程导入

AI 公益,开启全球"共益时代"

2023 年 6 月 26 日,世界互联网大会爱(AI)公益行动计划启动及发布仪式在山东济宁曲阜举行。行动计划呼吁各方汇聚智慧、凝聚共识，共促 AI 向上向善发展，为世界不同发展水平的国家和地区带来更多福祉。

为倡导科技向善，引导全球各方运用 AI 技术弥合数字鸿沟，提升人类福祉，世界互联网大会国际组织发起了世界互联网大会爱（AI）公益行动计划，面向全球公开征集 AI 公益项目。首批共收到来自 23 个企业和组织机构的 33 个项目，覆盖文化交流、生物多样性保护、医疗健康、无障碍改造、教育培训、宜居环境等多个领域，体现了语音识别、图像识别、自然语言处理、态势感知等 AI 技术与具体公益场景紧密结合，提供更多样化解决方案，公益能力不断跃升的发展趋势。世界互联网大会国际组织所发布的《世界互联网大会爱（AI）公益行动计划（2023—2025 年）》显示：AI 公益项目全球协作趋势正在形成，但协作深度和紧密度仍需进一步提高。

节选自：李飞，雷渺鑫.AI 公益，开启全球"共益时代".（2023-06-27）[2027-11-23]. https://digital.gmw.cn/2023-06/27/content_36665916.htm.

社会组织是我国社会主义现代化建设的重要力量。党的二十大报告做出"引导、支持有意愿有能力的企业、社会组织和个人积极参与公益慈善事业""加强新经济组织、新社会组织、新就业群体党的建设"等重要指示，为新时代新征程社会组织发展提供了科学指引。

一、社会组织的含义

"社会组织"这一词语所指称的对象范围大、覆盖面广，从不同维度来把握社会组织的含义，有助于深化对其的认识和理解。

从法律视角来看，社会组织本质上是非营利法人。根据《中华人民共和国民法典》，为公益目的或者其他非营利目的成立，不向出资人、设立人或者会员分配所取得利润的法人，为非营利法人。非营利法人包括事业单位、社会团体、基金会、社会服务机构等。

为公益目的成立的非营利法人终止时，不得向出资人、设立人或者会员分配剩余财产。

从国际视角来看，由于各国在历史发展、文化传统和语言习惯等方面存在差异，社会组织在不同的国家和地区有着多种不同的称谓，如非政府组织、非营利组织、志愿组织、第三部门、慈善组织、免税组织等。这些名称可与政府、企业等组织相区别，体现非营利性、非行政性、志愿性、公开性、服务性等基本特征。我国的社会组织与国外的非营利组织、非政府组织等相对应。

从政策视角来看，社会组织这一称谓最早可以追溯到2004年的《政府工作报告》，该报告提出"把不该由政府管的事交给企业、社会组织和中介机构"，这是"社会组织"概念首次进入官方文件。2006年10月，中共中央十六届六中全会通过的《中共中央关于构建社会主义和谐社会若干重大问题的决定》使用了"社会组织"一词，并系统论述了社会组织的培育发展和监督管理，从而基本确定了"社会组织"的概念。2016年8月，中办、国办印发《关于改革社会组织管理制度促进社会组织健康有序发展的意见》，首次提出"努力走出一条具有中国特色的社会组织发展之路"，为中国社会组织明确了实践指引、历史方位和前进方向。2021年，民政部发布的《"十四五"社会组织发展规划》提出以推进社会组织高质量发展为主题，以优化社会组织结构布局为主线，以满足人民日益增长的美好生活需要为根本目的，统筹积极引导发展和严格依法管理等内容。

民政部发布的《社会组织基础术语》指出，社会组织是依据社会组织登记管理法律法规登记的社会团体、基金会和社会服务机构。社区社会组织是由社区居民发起成立，在城乡社区开展为民服务、公益慈善、邻里互助、文体娱乐和农村生产技术服务等活动的社会组织。社区社会组织分为具备法人资格的社区社会组织和不具备法人资格的社区社会组织。

慈善组织是依法成立、符合慈善相关法律规定，以面向社会开展慈善活动为宗旨的非营利组织。慈善组织可以采取基金会、社会团体、社会服务机构等组织形式。

非法社会组织是指未经民政部门登记，擅自以社会组织名义开展活动的组织，以及被撤销登记或吊销登记证书后继续以社会组织名义活动的组织，还包括筹备期间开展筹备以外活动的组织。非法社会组织一般以圈钱敛财为主要目的，会给公共部门、企事业单位和社会公众造成经济损失和负面影响，影响市场秩序。

二、社会组织的查询方式

在现实生活中，我们在参与捐款或志愿服务活动时，或多或少会接触到一些社会组织，但在成为捐赠人、志愿者或受益人之前，需要对有意向的社会组织的资质及基本信息进行核查，确保其具有合法合规的资质。那么，如何了解意向社会组织的基本信息呢？

通过民政部社会组织管理局官方网站"中国社会组织政务服务平台（全国社会组织信用信息公示平台）"（https://chinanpo.mca.gov.cn/）的查询页面进行查验，可以获知其是否已经登记。或者关注"中国社会组织动态"微信公众号，点击"我要查询"，也可查验其合法性。

三、社会组织名称管理概述

社会组织名称是其合法身份和业务范围的重要标识，有效的名称管理代表着社会组织的形象和声誉，规范的名称能够准确反映社会组织的宗旨、业务性质和领域，有利于提升社会组织在社会上的公信力和影响力。

国务院民政部门主管全国社会组织名称管理工作，县级以上人民政府民政部门负责本机关登记的社会组织名称管理工作。国务院民政部门建立全国社会组织信用信息公示平台，为社会组织名称信息查询提供支持。

社会组织只能登记一个名称，社会组织名称受法律保护。社组织名称应当符合法律、行政法规、规章和国家有关规定，准确反映其特征，具有显著识别性。社会团体的名称应当与其业务范围、会员分布、活动地域相一致。基金会、社会服务机构的名称应当与其业务范围、公益目的相一致。

社会组织命名应当遵循含义明确健康、文字规范简洁的原则。民族自治地方的社会组织名称可以同时使用本民族自治地方通用的民族文字。社会组织名称需要翻译成外文使用的，应当按照文字翻译的原则翻译使用。

社会组织名称不得有下列情形：

（1）损害国家尊严或者利益；
（2）损害社会公共利益或者妨碍社会公共秩序；
（3）含有淫秽、色情、赌博、迷信、恐怖、暴力的内容；
（4）含有民族、种族、宗教、性别歧视的内容；
（5）违背公序良俗或者可能有其他不良影响；
（6）含有外国文字、汉语拼音字母、阿拉伯数字；
（7）可能使公众受骗或者产生误解；
（8）法律、行政法规、规章和国家有关规定禁止的其他情形。

社会组织名称由申请人自主拟定，并向登记管理机关提交有关申请材料。申请人提交的申请材料应当真实、准确、完整。实行双重管理的社会组织的名称，应当先经其业务主管单位审查同意。

社会组织应当在其住所或者主要活动场所标明社会组织名称。社会组织的印章、银行账户、法律文书、门户网站、新媒体平台等使用的社会组织名称，应当与其登记证书上的社会组织名称相一致。

登记管理机关依法对本机关登记的社会组织使用名称的行为进行监督，为社会组织提供名称管理政策指导和咨询服务。

扩 展 阅 读

青海开展规范社会组织名称管理专项行动

为强化社会组织系统治理、依法治理、综合治理和源头治理，打造清朗公正的社会组织发展环境，青海省民政厅决定于2024年3月至10月在全省范围内开展规范社会组织名称管理专项行动。

此次专项行动围绕深入学习宣传政策规定、严格依法依规审核新登记社会组织名称、认真开展已登记社会组织名称自查、加强对社会组织规范使用名称情况的监督检查、加大专项检查和社会监督力度五项重点工作任务展开，要求各登记管理机关全面落实《社会组织名称管理办法》等规章，按照"谁登记、谁负责"的原则，加强对新登记社会组织名称规范性、完整性和名实一致性的审查，开展所登记社会组织的名称规范管理自查工作。同时，要求认真查处社会组织未规范使用在登记管理机关登记的名称的行为，特别是重点查处社会组织分支机构、代表机构违规以各类法人组织的名称命名，在名称中使用"中国""中华"等字样，开展活动未冠有所属社会组织名称等行为，依法依规予以纠正。

节选自：蒋相梅.青海开展规范社会组织名称管理专项行动.中国社会报，2024-03-20.

第二节 社会组织类型和基本特征

课程导入

重庆社会组织争做服务高质量发展"排头兵"

近年来，重庆市坚持积极培育发展与严格依法管理并重，稳妥实施社会组织登记管理制度改革，全市社会组织数量不断增长、领域不断扩大、影响不断增强。截至 2023 年 12 月底，全市 1.8 万余家社会组织围绕中心、服务大局，在促进经济发展、繁荣社会事业、创新社会治理、扩大对外交往、促进社会和谐等方面发挥了积极作用，成为推动重庆经济社会发展的重要力量。

围绕成渝地区双城经济圈建设，重点培育发展服务成渝两地的社会组织。2023 年登记涉及成渝双城互动交流发展的市级社会组织 16 家，创新推出涉及成渝地区双城经济圈的四川省县级商会在渝登记成立，解决在渝四川省县级商会的登记难题。

围绕经济社会发展所需，培育发展公益慈善类社会组织。截至 2023 年 12 月底，全市登记认定慈善组织共 180 家，助推慈善捐赠规模稳步增长，让公益慈善文化更加深入人心，在乡村振兴、生态保护、应急救援等方面发挥积极作用。

节选自：重庆市民政局社会组织管理局.重庆社会组织争做服务高质量发展"排头兵".中国社会组织，2024（8）.

一、社会组织的类型

在我国，社会组织分为社会团体、社会服务机构（也称民办非企业单位）和基金会三大类。

（一）社会团体

社会团体是中国公民自愿组成，为实现会员共同意愿，按照其章程开展活动的非营利法人。主要包括以下几种类型：

行业协会、商会是会员主体为从事相同性质经济活动的单位、同业人员或同地域的经济组织，在民政部门登记为社会团体法人，功能在于实行行业服务和自律管理，名称以"行业协会""协会""商会""同业公会""联合会""促进会"等字样为后缀。"协会"如中国质量协会、中国 SOS 儿童村协会、新疆生产建设兵团养老行业协会等;"商会"如中国国际商会、温州市服装商会等。

学术类社会团体是以学术研究、学科发展和促进学科人才成长等为目的,由相关领域从事理论研究或技术实践活动的专业人员、组织等自愿组成的,依法登记的社会团体法人,一般以"学会""研究会"命名。"学会"如中国社会保障学会、中华医学会等;"研究会"如中国毛泽东诗词研究会、中国可持续发展研究会等。

联合性社会团体是相同或不同领域的法人组织或个人出于共同的兴趣、爱好、利益进行横向交流而自愿组成的非营利组织。"联合会"如中国企业联合会等;"总会"如中华慈善总会等。

(二) 社会服务机构

社会服务机构,是企业、事业单位、社会团体和其他社会力量以及公民个人出于公益目的,利用非国有资产举办的,从事非营利社会服务活动的社会组织。从目前的实际情况看,其主要分布在教育、卫生、文化、科技、体育、劳动和社会保障、民政、法律服务等行(事)业中。比如我们熟悉的非营利民办学校、民办医院、民办养老服务机构等,都属于社会服务机构。

社会服务机构应当以"学校""医院""中心""院""所""站""社"等字样结尾,不得含有"总""连锁""集团"等字样。"医院"如邯郸明仁医院等,"学院"如湖南信息学院、河北传媒学院等,"中心"如上海经贸商事调解中心、芜湖零距离社会服务中心、镇雄蓝豹应急救援中心等。

(三) 基金会

基金会是接受和利用自然人、法人和其他组织捐赠的财产,以从事公益慈善事业为目的,按照其章程开展活动的非营利法人。基金会是社会组织的类别之一,具有以公益为目的、设立财产来自捐赠、非营利性、不得向任何人员分配利润所得等特点。基金会应当以"基金会"字样结尾。如中国妇女发展基金会、中国人口福利基金会、中国残疾人福利基金会、浙江敦和慈善基金会、腾讯公益慈善基金会等。

基金会分为公募基金会和非公募基金会。公募基金会可以向公众公开募捐，按照募捐活动的地域范围，公募基金会又可以分为全国性公募基金会和地方性公募基金会。非公募基金会则不得向公众公开募捐。

二、社会组织的基本特征

一般而言，社会组织具有以下六个方面的特征：

（一）非营利性

社会组织的主要目标不是创造经济利润，而是追求社会公益、文化、教育、环保等非经济利益。它们的盈余通常用于发展组织、扩大服务范围或提高服务质量，而不是分配给成员。如某环保组织致力于环境保护，其活动不以盈利为目的，而是将资源用于推动环保事业的发展。

（二）非行政性

社会组织在管理和运营上具有相对独立性，可以自主决定其活动方向和策略，但仍需遵守政府的相关法律法规。如某致力于保护儿童权益和福利的社会组织，在法律和政策的框架内，拥有相对独立的组织机构和决策权，能够自主确定开展活动的内容和方式。

（三）志愿性

志愿性体现了自愿参与在社会组织活动中的重要性，无论是管理层、工作人员还是志愿者，很多人都是出于个人意愿和对事业的认同而无偿或低偿参与工作的。如青年志愿社会组织由一群热心青年组成，他们利用自己的业余时间参与社区服务、慈善活动和环境保护等工作，生动地体现了志愿精神。

(四)公开性

公开性要求社会组织在财务状况、项目执行、实施过程等方面保持透明，自觉接受社会公众和利益相关者的监督，以此建立公信力。许多社会组织会在其官方网站上发布年度报告、财务报告和活动计划等，供公众查阅和了解。

(五)服务性

服务性的核心在于让社会组织满足社会需求，提供公共服务或有益于公共利益的产品和服务，如教育、健康、文化、环保等领域的支持和帮助。如某助老服务中心为老年人提供各种支持和服务，组织社区活动、提供健康咨询和护理服务等，帮助老年人解决生活中的困难和问题。

(六)合作性

社会组织常常与其他组织（包括政府、企业、其他社会组织）建立合作关系，通过协同努力来实现更广泛的社会影响和目标。如某社会组织与政府、企业等合作，共同推动社会救助事业的发展，实现减贫目标。在项目实施过程中，各方会共同制订计划、分配资源、协调行动，以确保项目的顺利进行。

扩 展 阅 读

海南启动首届社会组织公益创投大赛

日前，海南省民政厅联合省农业农村厅、省慈善总会举办了"公益海南"首届社会组织公益创投大赛暨"百社联百村·携手共富"行动启动仪式。

本届社会组织公益创投大赛的主题是"点亮公益之光，共建美好海南"，旨在通过竞赛和支持机制，激发公众的公益创新意识，推动形成"人人关心、人人支持、人人参与公益"的良好氛围，加快构建公益服务新格局。大赛设省级赛区和海口、三亚、琼海等分赛区，设置了"为老服务""关爱儿童""救助帮困""乡村振兴""其他创新性项目"五个主要公益方向，鼓励引导符合条件的社会组织根据自身实际，选定具体方向、领域设计公益项目。

海南省民政厅联合省农业农村厅、省慈善总会共同举办的"百社联百村·携手共富"行动同步启动。行动将聚焦乡村所需、社会组织所能，合理确定帮扶内容，实现供需精准对接，推动社会组织采用"一社一村""一社多村""多社一村"等灵活方式结对，发挥信息、人才、机制、组织等方面专长，从产业、就业、文化、慈善等方面给予帮扶，多维度赋能乡村振兴，打造一批助力乡村振兴的特色品牌，形成一批参与乡村振兴的典型案例，为服务海南自由贸易港建设背景下的乡村振兴贡献社会组织力量。

节选自：王尧.海南启动首届社会组织公益创投大赛.中国社会报，2024-03-15.

第三节 社会组织的作用和扶持政策

课程导入

推动社会组织在共同富裕示范区建设中谱写新篇章

社会组织在保障和改善民生、加强和创新社会治理中发挥着越来越重要的作用。

作为省会城市民政部门，浙江省杭州市民政局近年来以社会组织高质量发展为主线，探索创新模式、深化改革举措，推动社会组织工作与经济社会发展相协调、与共同富裕美好社会建设相适应，丰富了社会组织领域的杭州经验。

聚焦培优育能，激发内生动力。杭州市积极探索公益性社会组织发展新政，市委办公厅、市人民政府办公厅印发《关于促进公益性社会组织发展的实施意见》，培育扶持十大类公益性社会组织；聚焦特殊群体关爱、平安建设、民生实事等重点领域，整合政府、企业及社会资源，市本级累计投入1.3亿元向社会组织购买服务，市民政局每年投入1 500万元用于开展社会组织公益创投，资助项目800余个，服务覆盖人群超过130万人次；开展品牌认定，打造了"湖滨晴雨""武林大妈"等一大批优秀的社会组织参与基层治理金品牌，全市累计认定4A级以上社会组织783家，培育38家省级品牌社会组织和74名省级社会组织领军人物。

杭州市民政局围绕"四个服务"，充分发挥社会组织独特作用，连续举办11届社会组织公益嘉年华，成功打造社会组织成长赋能平台，推动杭州都市圈和长三角地区社会组织在公共服务领域深化合作与交流。

节选自：徐雯.推动社会组织在共同富裕示范区建设中谱写新篇章.中国社会报, 2024-03-11.

一、社会组织的作用

社会组织在现代社会扮演着极其重要的角色，尤其在服务国家重大战略任务、促进经济建设发展、提供公共服务以及推动社会治理创新方面作用显著。

（一）服务国家重大战略任务

社会组织在服务重大战略任务方面，能够迅速响应国家号召，积极投身到国家战略的实施中，发挥桥梁纽带作用，促进政府、企业、社会等各方力量协同作战，共同推动重大战略任务的顺利实施。例如，环保类社会组织在推动绿色发展、促进生态文明建设的过程中，通过开展环保教育、参与生态修复项目等，直接服务于国家的碳达峰、碳中和目标。

（二）促进经济建设发展

社会组织能有效促进市场经济的健康发展，优化资源配置，提升行业竞争力，并通过组织行业交流、制定行业标准、提供市场信息等方式，服务经济社会发展。例如，行业协会可以通过制定行业标准、开展行业自律等方式来规范行业行为、提高行业整体素质。社会组织可以通过举办创业大赛、创新论坛等活动，激发人们的创新精神和创业热情。

（三）提供公共服务

社会组织作为政府的补充，可以通过引入其他资源来提供更多的公共服务，围绕科教兴国、人才强国、创新驱动发展、乡村振兴、区域协调发展、可持续发展、积极应对人口老龄化等提供专业服务。比如，社会组织资助贫困地区的教育项目，建立希望小学，提供奖学金，改善教学条件等；慈善组织和志愿者团体参与灾害救援，提供紧急救助和心理慰藉。

（四）推动社会治理创新

社区社会组织在调解邻里纠纷、促进社区融合、参与社区规划等方面发挥了基础性作用，增强了社区的自我管理和自我服务能力。社会组织可以通过创新实践，探索社会治理的新模式、新机制和新方法；可以开展社区共治、多元协商等实践探索，激发群众参与社会治理的积极性。

二、社会组织的扶持政策

(一) 财税优惠政策

财税优惠政策是指政府通过税收减免、财政补贴等方式，给予社会组织一定的经济支持。这不仅可以降低社会组织的运营成本，还能够鼓励其积极参与社会公益事业和公共服务领域。如财政、税务等部门出台的公益性捐赠税前扣除、非营利组织免税资格认定、公益股权捐赠不视同销售征收所得税、社会团体会费免征增值税等政策。

公益性捐赠税前扣除资格是依据税收有关法律法规、政策规定，由财政、民政、税务部门共同确认，准予将符合法律规定的公益慈善事业捐赠支出，按税法规定在计算应纳税所得额时扣除的资格。

非营利组织免税资格是依据税收有关法律法规、政策规定，由财政、税务部门审核确认，社会组织符合条件的收入享受免缴企业所得税的税收优惠资格。非营利组织免税收入主要包括：接受其他单位或者个人捐赠的收入；除《中华人民共和国企业所得税法》第七条规定的财政拨款以外的其他政府补助收入，但不包括因政府购买服务取得的收入；按照省级以上民政、财政部门规定收取的会费；不征税收入和免税收入孳生的银行存款利息收入；财政部、国家税务总局规定的其他收入。

此外，政府还通过设立专项资金、项目经费等方式，对符合条件的社会组织给予一定的资金补贴。这不仅可以为社会组织提供必要的资金保障，还可以引导其发展方向和重点任务。

(二) 政府购买政策

政府购买政策是指政府通过购买服务的方式，将部分公共服务职能交由社会组织承接，充分发挥社会组织在发现新增公共服务需求、促进供需衔接方面的积极作用。

结合政府购买服务需求和社会组织专业化优势，明确政府向社会组织购买服务的支持重点。鼓励各级政府部门在同等条件下优先向社会组织购买民生保障、社会治理、行业管理、公益慈善等领域的公共服务。有条件的地方和部门，可以制定政府购买服务操作指南并向社会公开，为社会组织等各类承接主体参与承接政府购买服务项目提供指导。

（三）人才激励政策

人才激励政策是指把社会组织人才纳入专业技术人才知识更新工程，畅通人才评价渠道，对社会组织专业技术人员执行相同或相近专业的职业资格、注册考核、职称评定等政策。实施社会组织负责人能力提升行动，建立轮训制度，完善人才继续教育制度，推进人才队伍专业化职业化建设。在选拔录用公务员、聘用事业单位工作人员时，应将社会组织工作经历认定为基层工作经历。落实社会保障制度，研究制定社会组织从业人员薪酬指导标准，鼓励有条件的社会组织逐步提高薪酬待遇，增强岗位吸引力。通过组织专业培训、工作坊、研讨会等形式，帮助社会组织成员提升管理、项目设计、财务管理、法律知识等方面的技能。

扩 展 阅 读

湖北引导社会组织积极参与长江经济带高质量发展

近日，湖北省民政厅向全省社会组织发出倡议书，引导社会组织积极参与长江经济带高质量发展。

支持各行业协会商会及联合类社会团体根据长江经济带高质量发展需求，及时研究制定一批保护环境生态的团体标准和自律规约，引导会员企业向科技含量高、资源消耗低、环境污染少的产业转型发展。引导会员单位加强环境保护和生态修复工作，深入探索生态产品价值实现路径。要共搭大舞台，建设一批服务长江经济带发展的交流平台。鼓励各社会组织立足行业领域，发挥资源链接优势，建设一批推动长江经济带高质量发展的交流合作平台和供需对接平台，加快集聚创新要素。

支持各社会组织依托行业和地域，为会员搭建与政府部门的常态化沟通平台，鼓励各地和社会组织定期举办对接交流活动。要共奏大合唱，展示一批服务长江经济带发展的公益品牌。支持各社会组织依法依规组织举办交易会、展览会、投资洽谈会等品牌服务项目，为会员积极参与长江经济带高质量发展创造条件。

节选自：田维虎.湖北引导社会组织积极参与长江经济带高质量发展.中国社会报，2024-05-10.

思 考 题

1. 我国社会组织的含义是什么？有哪些类型？
2. 我国社会组织的名称是如何管理的？
3. 我国的社会组织在社会治理中发挥了哪些作用？制定了哪些扶持政策？

模拟情景练习

某社会组织积极响应国家"3060"目标，即2030年前实现碳达峰、2060年前实现碳中和的战略部署，组织了系列公益活动：组织"绿色出行挑战赛"，鼓励公众减少使用私家车，推广公共交通和骑行步行；发起"植树造林公益项目"，增加绿色植被覆盖率，提升碳汇能力。同时，其积极开展气候变化科普教育，强化全民低碳环保意识，为国家重大战略的实施奠定了坚实的公众基础、取得了广泛的社会支持。根据上述案例，请你谈谈社会组织发挥的重大作用。

参考文献

1. 《关于改革社会组织管理制度促进社会组织健康有序发展的意见》（2016年8月21日中办、国办印发）
2. 《中华人民共和国慈善法》（2016年3月16日第十二届全国人民代表大会第四次会议通过；根据2023年12月29日第十四届全国人民代表大会常务委员会第七次会议《关于修改〈中华人民共和国慈善法〉的决定》修正）
3. 《中华人民共和国民法典》（2020年5月28日第十三届全国人民代表大会第三次会议通过）

第二章
社会组织法人治理

学习目标

1. 学习和了解社会团体法人治理的含义
2. 理解社会团体法人治理的主要内容
3. 理解社会服务机构法人治理的主要内容
4. 掌握基金会法人治理的主要内容

第一节 社会团体法人治理

课程导入

如何规范社会组织治理与监管？四川出台文件

近日，四川省民政厅出台了《四川省社会组织换届工作指引

（试行）》、全省性社会组织谈话提醒制度等文件，规范社会组织内部治理，创新执法监督模式，更好地促进社会组织健康有序发展。

截至2023年，四川省共注册登记社会组织4.5万个，其中社会团体2.1万个、社会服务机构2.4万个、基金会203个。各类社会组织广泛活跃在经济社会发展的各个领域，已成为促进经济社会协调发展、推动社会和谐稳定、巩固党的执政基础的重要力量。如何监督和规范并充分发挥社会组织的力量？

该条例共51条，主要包括总则，换届工作机构，会员（会员代表）大会、理事会、监事（会）和负责人产生，换届筹备，换届选举程序，罢免、终止、辞职和届中增补，纠纷处置，附则8章内容。该制度还针对不同情形明确谈话提醒工作主体的规模和人员范围，并对谈话提醒的工作方式、工作记录等做出工作要求。

节选自：赵紫萱.如何规范社会组织治理与监管？四川出台文件.（2023-09-03）[2024-11-23]. https://www.thecover.cn/news/xllrNUAYSYKH90qSdq8Jkw==.

社会团体法人治理，是指党建统领，以章程为核心，以其他制度安排为补充，以会员代表大会、理（董）事会、监事会、秘书处等机构为主体，权责明确、相互制衡的组织架构以及民主、科学、高效的决策、执行和监督运行机制。社会团体法人治理工作的具体工作依据《社会团体登记管理条例》《民办非企业单位登记管理暂行条例》《基金会管理条例》等法规开展。

一、社会团体的章程

社会团体的章程是为了调整其内部关系，规范内部治理和业务行为而制定的规范性文件，由登记管理机关核准，是社会团体实施自我管理和开展业务活动的根本准则。社会团体章程内容发生变化时，履行内部程序后报登记管理机关进行核准。章程的主要内容一般包括：

（1）总则（名称、住所、宗旨等）；
（2）业务范围；
（3）会员资格及其权利、义务；
（4）组织机构和负责人产生、罢免；
（5）资产管理、使用原则；
（6）章程的修改程序；
（7）终止程序及终止后的资产处理；
（8）党组织建设；
（9）附则；
（10）应当由章程规定的其他事项。

二、会员代表大会与会员

（一）会员代表大会

会员代表大会（或会员大会）是社会团体的最高权力机构，行使制定、修改章程和会费标准，制定、修改负责人、理事（常务理事）和监事（长）选举办法，审议批准理事会的工作报告和财务报告，决定社会团体的终止事宜，以及章程规定的其他职权。

（二）会员

会员是自愿或依据章程规定加入社会团体的单位或个人。社会团体的会员包括单位会员和个人会员两种类型。社会团体实行会员制。社会团体应当在章程中明确会员入会的条件和标准，并坚持"入会自愿、退会自由"原则。行业协会商会一般不吸收个人会员。

会员享有下列权利：
（1）本团体的选举权、被选举权和表决权；
（2）参加本团体的活动；

（3）获得本团体服务的优先权；

（4）对本团体工作的批评建议权和监督权；

（5）入会自愿、退会自由；

（6）章程规定的其他权利。

会员必须履行下列义务：

（1）执行本团体的决议；

（2）维护本团体合法权益；

（3）完成本团体交办的工作；

（4）按规定交纳会费；

（5）向本团体反映情况，提供有关资料；

（6）章程规定的其他义务。

（三）会员代表大会行使职权

会员代表大会行使下列职权：

（1）制定和修改章程；

（2）选举和罢免理事；

（3）审议理事会的工作报告和财务报告；

（4）决定终止事宜；

（5）章程规定的其他职权等重大事宜。

三、理事会、监事会、秘书处和分支机构

（一）理事会

理事会是社会团体会员代表大会的执行机构，在会员代表大会闭会期间领导社会团体开展日常工作，行使章程规定的职权，对会员代表大会负责。基金会、社会服务机构的决策机构，按照其章程规定行使制修订章程、选举负责人、制定内部管理制度、决定分立合并或终止等职权。理事会由会长、副会长、理事组成。

理事会行使下列职权：

（1）执行会员代表大会的决议；

（2）选举和罢免理事长（会长）、副理事长（副会长）、秘书长；

（3）筹备召开会员代表大会；

（4）向会员代表大会报告工作和财务状况；

（5）决定会员的吸收或除名；

（6）决定设立办事机构、分支机构、代表机构和实体机构；

（7）决定副秘书长、各机构主要负责人的聘任；

（8）领导本团体各机构开展工作；

（9）制定内部管理制度；

（10）章程规定的其他重大事项。

（二）监事会

监事会是社会团体的内部监督机构，依据法律或社会团体章程设立，行使社会团体章程规定的监督职权，对社会团体的业务活动、财务以及社会团体人员执行职务的行为进行监督和检查。社会团体应设立监事或监事会，行业协会商会须设立监事会。

监事会是会员代表大会设立的监督机构，负责监督本团体的业务活动及财务管理，对会员代表大会负责，并报告工作。

监事会行使下列职权：

（1）对本团体的决策、决议、计划的制定和执行情况进行监督；

（2）对会费收缴、使用及财务预算、支出和决算等财务状况进行监督；

（3）对理事长（会长）、副理事长（副会长）、秘书长、理事以及分支（代表）机构任职人员和本团体聘请的工作人员的工作情况进行监督；

（4）对本团体内部机构的设置、运行，及各类人员的任免，会员代表大会的召开、选举程序进行监督；

（5）对本团体成员违反纪律，损害本团体声誉的行为进行监督，对违章违纪行为提出处理意见，提交理事会并监督执行。

（三）秘书处

社会团体应设立秘书处。秘书处是社会团体常设办事机构。秘书处应设秘书长1名，副秘书长若干名。行业协会、商会秘书长为专职。秘书长主持秘书处工作，对理事会负责。秘书长实行聘任制或选任制。

秘书处行使以下职权：

（1）根据理事会决议，筹备会员代表大会、理事会会议和本团体的其他活动；

（2）组织实施年度计划；

（3）妥善保管与本团体有关的档案材料；

（4）处理理事会交办的其他工作。

（四）分支机构

分支机构是社会团体依据业务范围、会员组成特点、财产划分出的子团体，专门从事该社会团体的某项业务活动，不具有独立法人资格。社会团体分支机构以分会、专业委员会、工作委员会、专家委员会、技术委员会等字样结束，社会团体不得设立地域性分支机构，即社会团体设立的分支机构不得冠以行政区划名称或带有地域性特征。

扩 展 阅 读

聚焦5个方面！山东加强省管慈善组织规范管理工作

慈善组织是慈善事业发展的主体，也是动员社会力量、汇聚社会资源、传递社会爱心的载体。为进一步加强慈善组织规范管理，维护公益慈善事业公信力，山东将围绕强化党建引领、规范内部治理、加强财产管理、科学实施项目、加强信息公开五个方面开展具体工作。

根据要求，省管慈善组织要加强党的建设，不断扩大"两个覆盖"，健全党组织参与慈善组织重大决策制度。建立健全以章程为核心的法人治理结构，不断完善内控机制和合规管理体系。依法建立财产管理使用制度和会计监督制度，按照章程和捐赠协议，高效、合理、透明使用慈善财产，理性开展保值增值投资活动。要建立健全慈善项目管理制度，围绕推进乡村振兴、助力高质量发展、弘扬黄河文化等方面打造一批精品慈善项目。深入推进实施"阳光慈善"工程，进一步提升公益慈善活动的透明度，保障公益慈善事业在阳光下运行。

节选自：齐静. 聚焦5个方面！山东加强省管慈善组织规范管理工作.（2023-12-06）[2024-11-23]. https://baijiahao.baidu.com/s?id=1784519639857366503&wfr=spider&for=pc.

第二节　社会服务机构法人治理

课程导入

民政部发布四项社会组织行业标准

民政部发布了《社会组织基础术语》《行业协会商会自身建设指南》《学术类社会团体自身建设指南》《社会服务机构自身建设指

南》四项社会组织行业标准。该批标准是我国首批国家层面制定的社会组织管理服务领域行业标准，将于 2024 年 5 月 1 日起施行。

《社会组织基础术语》汇集了常用社会组织管理基础术语，能够帮助使用者理解社会组织管理的基础术语，以便规范、有效地实施社会组织管理，实现社会组织管理其他标准的功能与价值，并为社会组织管理的其他标准奠定基础。《行业协会商会自身建设指南》《学术类社会团体自身建设指南》《社会服务机构自身建设指南》旨在帮助行业协会商会、学术类社会团体、社会服务机构等三类社会组织规范内部治理，提高管理服务水平和组织绩效，提升防范化解风险能力。

节选自：4 项社会组织服务领域行业标准 5 月 1 日起施行. 中国社会报，2024-04-19.

一、社会服务机构的章程

章程是社会服务机构法人治理的核心，也是其活动的行为准则。章程主要包括下列内容：

（1）总则（名称、性质、宗旨、住所等）；
（2）举办者、开办资金和业务范围；
（3）组织管理制度；
（4）法定代表人；
（5）资产管理、使用原则及劳动用工制度；
（6）章程的修改；
（7）终止和终止后资产处理；
（8）党组织建设；
（9）附则；
（10）需要由章程规定的其他事项。

章程的修改须经理事会到会理事三分之二以上表决通过方为有效，且在通过后 15 日内，报业务主管单位（无业务主管单位的报党建工作机构）审查同意，经业务主管单位同意后，报登记管理机关核准。

二、理事会、监事会和执行机构

（一）理事会

理事会为社会服务机构的决策机构。理事会人数由章程规定，不应少于3人（一般为3～25人），且总人数为奇数。理事会成员由举办者、职工代表等组成，按照章程赋予的职责进行民主决策。理事每届任期年数按章程规定，可连选连任。

1. 理事会决定权

理事会行使下列事项的决定权：

（1）修改章程；

（2）业务活动计划；

（3）年度财务预算、决算方案；

（4）增加开办资金的方案；

（5）本单位的分立、合并或终止；

（6）聘任或者解聘本单位院长（或校长、所长、主任等）和其提名聘任或者解聘的本单位副院长（或副校长、副所长、副主任等）及财务负责人；

（7）罢免、增补理事；

（8）内部机构的设置；

（9）制定内部管理制度；

（10）从业人员的工资报酬等。

2. 理事会构成

理事会应设理事长1名，副理事长1～2名。理事长、副理事长由理事会以全体理事的过半数选举产生或罢免。

副理事长协助理事长工作，理事长不能行使职权时，由理事长指定的副理事长代其行使职权。

理事长行使下列职权：

（1）召集和主持理事会会议；

（2）检查理事会决议的实施情况；

（3）法律、法规和本单位章程规定的其他职权。

（二）监事会

监事会是社会服务机构的监督机构。监事会成员不应少于3人，并应推选1人为监事长，且总人数为奇数。监事在举办者、出资者、单位从业人员或有关单位推荐的人员中产生或更换，理事长、理事及财务负责人不得兼任监事。监事任期与理事任期相同，任期届满可连选连任。

1. 监事会人员组成

（1）监事在举办者、单位从业人员或有关单位推荐的人员中产生或更换。监事会中的从业人员代表由单位从业人员民主选举产生。

（2）单位理事、院长（或校长、所长、主任等）及财务负责人，不得兼任监事。

2. 监事会职权

监事会依法依照章程的规定履行职责，并可行使下列职权：

（1）检查单位财务；

（2）对单位理事、院长（或校长、所长、主任等）违反法律、法规或章程的行为进行监督；

（3）当单位理事、院长（或校长、所长、主任等）的行为损害本单位的利益时，要求其予以纠正；

（4）监事列席理事会会议。

（三）执行机构

执行机构（内设机构）从属于理事会，组织实施理事会的决议计划，直接对理事会负责。

执行机构负责人，如院长、校长、所长、主任等，受聘于理事会，对理事会负责，并行使下列职权：

（1）主持单位的日常工作，组织实施理事会的决议；
（2）组织实施单位年度业务活动计划；
（3）拟订单位内部机构设置的方案；
（4）拟订内部管理制度；
（5）提请聘任或解聘本单位副职和财务负责人；
（6）聘任或解聘内设机构负责人；
（7）执行机构负责人不是理事的可列席理事会会议。

三、法人和举办者

法人是依照法律或者社会组织章程的规定，代表社会组织从事活动的负责人。社会服务机构应当在章程中明确举办者。

举办者享有下列权利：

（1）了解本单位经营状况和财务状况；
（2）推荐理事和监事；
（3）有权查阅理事会会议记录和本单位财务会计报告；
（4）法律、法规和本单位章程规定的其他职权。

扩 展 阅 读

湖南省民政厅规范社会组织退出机制

为进一步畅通社会组织退出渠道，优化社会组织结构布局，推动社会组织高质量发展，湖南省民政厅日前下发《湖南省民政厅关于规范社会组织退出机制的指导意见（试行）》（简称《意见》）。

《意见》包括总体要求、一般注销程序、简易注销程序、不适用简易注销程序的情形、工作要求五个部分。一般注销程序分为依章程履行内部程序、完成清算工作、报请业务主管单位审查同意、依法处置剩余财产、到登记管理机关办理注销手续五个步骤。

《意见》将简易注销程序的适用范围限定在社会团体。对于社会团体因会员数量不符合召开会员大会或者会员代表大会而无法做出注销决议，或者出于客观原因无法提供清算材料完成注销登记，可以采用简易注销程序：一是公告拟注销事宜，二是出具书面承诺书，三是报请业务主管单位审查同意，四是依法处置剩余财产，五是到登记管理机关办理注销手续。

此外，经风险评估和合法性审查，《意见》还明确了民办非企业单位、基金会、被认定为慈善组织的社会团体等七类不适用简易注销程序的情形。

节选自：程楠，欧阳冠洁.湖南省民政厅规范社会组织退出机制.中国社会报，2024-03-04.

第二节 基金会法人治理

课程导入

慈善正能量也需法治护航

发展中国特色慈善事业，需要充分发挥党总揽全局、协调各方的领导核心作用，不断健全慈善监管制度机制，鼓励支持、协调促进、依法管理、推动慈善事业规范高效发展。此次《中华人民共和国慈善法》（简称《慈善法》）新增规定，县级以上人民政府应当统筹、协调、督促和指导有关部门在各自职责范围内做好慈善事业的扶持发展和规范管理工作；有关部门要加强对慈善活动的监督、管理和服务。

同时，新修改的《慈善法》加大了对违法行为的惩罚力度，强化了慈善组织、慈善信托受托人等慈善活动参与者的法律责任。

慈善组织存在私分、挪用、截留或者侵占慈善财产等违法行为的，新修改的《慈善法》除对该慈善组织进行处罚外，还加大了对相关责任人员处罚力度，在"处2万元以上20万元以下罚款，并没收违法所得"的基础上，增加了职业限制，明确情节严重的，禁止直接负责的主管人员和其他直接责任人员一年至五年内担任慈善组织的管理人员。

节选自：白鸥. 慈善正能量也需法治护航. 检察日报，2024-01-22.

一、基金会的章程

章程是基金会内部运作和开展活动的基本准则。

章程主要包括下列内容：

（1）总则（名称、性质、宗旨、住所等）；

（2）业务范围；

（3）组织机构、负责人；

（4）财产的管理和使用；

（5）终止和剩余财产处理；

（6）章程修改；

（7）党组织建设；

（8）附则；

（9）应当由章程规定的其他事项。

二、理事会、监事会和执行机构

（一）理事会

理事会是基金会的决策机构。理事会成员人数为 5～25 人，且总人数为奇数。

理事会行使下列职权：

（1）制定、修改章程；

（2）选举、罢免理事长、副理事长、秘书长；

（3）决定重大业务活动计划，包括资金的募集、管理和使用计划；

（4）年度收支预算及决算审定；

（5）制定内部管理制度；

（6）决定设立办事机构、分支机构、代表机构；

（7）决定由秘书长提名的副秘书长和各机构主要负责人的聘任；

（8）听取、审议秘书长的工作报告，检查秘书长的工作；

（9）决定基金会的分立、合并或终止；

（10）决定其他重大事项。

基金会应设理事长 1 名，副理事长若干名，从理事中选举产生。

（二）理事长

理事长是基金会的法定代表人，基金会法定代表人不兼任其他组织的法定代表人。

理事长行使下列职权：

（1）召集和主持理事会会议；

（2）检查理事会决议的落实情况；

（3）代表基金会签署重要文件等。

（三）监事会

监事会是基金会的监督机构。基金会必须设监事会，并设监事长1名，且监事会人数为奇数。监事任期与理事任期相同，期满可以连任。监事会每年至少召开1次会议。

1. 监事会的职权

（1）对基金会负责人执行基金会职务的行为进行监督，对违反法律、行政法规、基金会章程或者理事会决议的基金会负责人提出罢免的建议；

（2）当基金会负责人的行为损害基金会的利益时，要求基金会负责人予以纠正；

（3）在理事会不履行规定的召集和主持理事会会议的职责时，提议召集和主持临时理事会会议；

（4）监督理事会履行信息公开责任；

（5）每年检查财务报表，对公益项目实施情况实行全程监督。

2. 监事的产生和罢免

（1）监事由主要捐赠人、业务主管单位分别选派；

（2）登记管理机关根据工作需要选派；

（3）监事的变更依照其产生程序。

基金会应当在章程中明确监事的任职条件。监事应当具有财务、会计、审计、法律等方面的专业知识和工作经验，具有保护基金会资产的利益和相关者利益的能力。

理事、理事的近亲属和基金会财会人员不得任监事。基金会理事、监事及其近亲属不得与基金会有任何交易行为。

（四）执行机构

基金会可根据需要设立秘书处，属理事会日常工作执行机构，组织实施理事会制定的具体决策和项目，直接对理事会负责。

秘书长是执行机构的负责人。秘书长负责处理秘书处日常工作。秘书长作为执行机构负责人，应为专职。专职秘书长薪酬待遇由理事会议定。秘书长辞职或免职应由理事会投票表决。

秘书处行使下列职权：

（1）根据理事长指示及理事会决议，具体筹备理事会会议和运营其他公益活动；

（2）妥善保管与基金会有关的档案材料；

（3）处理理事会交办的其他工作。

三、分支（代表）机构和专项基金

（一）分支（代表）机构

基金会分支机构，是为开展业务活动的需要，按照业务范围科学划分设立的专门从事业务活动的内部机构。

基金会代表机构，是在会址以外某行政区域设置的代表该基金会从事活动、承办基金会交办的工作任务的机构。

分支（代表）机构在基金会统一领导下开展工作，并对理事会负责。各分支（代表）机构是基金会的组成部分，不具有独立的法人资格，其活动的法律责任由所属基金会承担。

基金会分支（代表）机构不再下设分支机构、代表机构；基金会专项基金接受基金会统一管理，不具备独立的法人资格。

（二）专项基金

基金会应当明确专项基金设立和终止的条件和决策程序，并严格执行。基金会应当与发起人以签订协议的方式明确专项基金的设立目的、财产使用方式、各方的权利责任、终止条件和剩余财产的处理等。

基金会要监督专项基金使用带有基金会全称的规范名称。专项基金不得以独立组织的名义开展募捐、与其他组织和个人签订协议或开展其他活动；未经批准同意，不得以基金会名义对外宣传或开展业务活动。

基金会应当建立健全专项基金管理制度，对专项基金的活动实施全过程监管，对专项基金的人员实施严格管理。基金会应当根据专项基金的设立目的，按照捐赠协议的约定管理和使用捐赠财产，专款专用。不得开设独立账户和刻制印章。专项基金不得再设立专项基金。

扩展阅读

各地出台措施推动社会组织高质量发展

山东省民政厅等14部门出台的《关于更好发挥社会组织作用服务高质量发展助力强省建设的指导意见》围绕努力营造有利于社会组织健康发展、社会组织负责人健康成长的良好环境，明确了加大购买社会组织服务力度、落实社会组织财税支持、强化社会组织人才队伍建设、加强社会组织服务平台建设、强化社会组织自身建设、加强宣传引导和典型培树六项政策措施。

四川省出台的《关于进一步推动全省社会组织高质量发展的若干措施》中指出，将强化扶持政策统筹、推进政府购买服务、加强人才队伍建设，支持社会组织进入法律法规未禁止的公共服务领域和平等参与市场竞争。

节选自：姜雪芹.各地出台措施推动社会组织高质量发展.中国社会报，2023-09-18.

思考题

1. 社会团体法人治理的主要内容是什么？
2. 社会服务机构法人治理的主要内容是什么？
3. 基金会法人治理的主要内容是什么？

模拟情景练习

某社会组织正紧锣密鼓筹备换届事宜。现任负责人张伟组织核心团队会议商讨换届工作方案，包括候选人招募标准、选拔流程及时间规划。团队决定通过内部推荐与公开招募相结合，确保新老交替的顺利进行。同时，筹备小组还着手准备换届大会的各项细节，如场地预定、会议议程及宣传资料，旨在让每位成员都能积极参与并见证这一重要时刻。如果你是秘书处工作人员，请撰写一份换届工作方案。

参考文献

1.《中华人民共和国慈善法》（2016年3月16日第十二届全国人民代表大会第四次会议通过；根据2023年12月29日第十四届全国人民代表大会常务委员会第七次会议《关于修改〈中华人民共和国慈善法〉的决定》修正）

2.《中华人民共和国民法典》（2020年5月28日第十三届全国人民代表大会第三次会议通过）

3.《社会团体登记管理条例》（1998年10月25日中华人民共和国国务院令第250号公布；根据2016年2月6日国务院令第666号《国务院关于修改部分行政法规的决定》修订）

4.《民办非企业单位登记管理暂行条例》（1998年10月25日中华人民共和国国务院令第251号公布）

5.《基金会管理条例》（2004年3月8日中华人民共和国国务院令第400号公布）

第三章 社会组织党建工作

学习目标

1. 了解加强社会组织党建工作的重要意义
2. 掌握社会组织党组织的基本职责
3. 理解社会组织党建工作的机制建设

第一节 社会组织党建工作概述

课程导入

党建引领社会组织发展再上新台阶

近年来,山东省临沂市民政局坚持以省民政事业高质量发展总体思路为指导,突出党建引领,打造示范品牌,开展专项行动,不断激发社会组织高质量发展新动能，在围绕中心、服务大局中发挥积极作用。

党建引领，提升社会组织工作水平。打造"沂心向党 沂意为民"市级社会组织党建品牌，推动14个县（区）分别创建县级品牌，相继涌现出"慈幼小雨伞""E安计划"等50余个公益项目，构建了"1+14+N"社会组织党建品牌矩阵。开展"沂社同心 点亮星光"活动，在全市选取人流量大、便于开展活动的场所，设立社会组织爱心驿站29个，在周末或法定节假日开展义诊、急救知识科普、非遗技术体验、走进航模世界等主题活动。

节选自：胡素珍，岳昊.山东省临沂市 党建引领社会组织发展再上新台阶.中国社会组织，2024（1）.

一、社会组织党建工作的重要意义

社会组织是我国社会主义现代化建设的重要力量，是党的工作和群众工作的重要阵地，是党的基层组织建设的重要领域。

随着改革开放的不断深入，我国社会组织快速发展。在协调推进全面建设社会主义现代化国家、全面深化改革、全面依法治国、全面从严治党战略布局中，社会组织承担着重要任务，同时自身发展也面临许多新情况、新问题、新挑战。加强社会组织党建工作，能够引领社会组织正确发展方向，激发社会组织活力，促进社会组织在国家治理体系和治理能力现代化进程中更好地发挥作用；对于把社会组织及其从业人员紧密团结在党的周围，不断扩大党在社会组织中的影响力，增强党的阶级基础、扩大党的群众基础、夯实党的执政基础，都具有重要意义。

二、社会组织党组织的地位作用和基本职责

（一）社会组织党组织的地位作用

社会组织党组织是党在社会组织中的战斗堡垒，发挥政治核心

作用。要着眼履行党的政治责任，紧紧围绕党章赋予基层党组织的基本任务开展工作，严肃组织生活，严明政治纪律、政治规矩和组织纪律，充分发挥党组织的政治功能和政治作用。要按照建设基层服务型党组织的要求，创新服务方式，提高服务能力，提升服务水平，做到贴近群众、团结群众、引导群众、赢得群众。

（二）社会组织党组织的基本职责

1. 保证政治方向

宣传和执行党的路线方针政策，宣传和执行党中央、上级党组织和本组织的决议，教育引导党员群众遵守国家法律法规，引导监督社会组织依法执业、诚信从业。

2. 团结凝聚群众

做好思想政治工作，教育引导职工群众增强政治认同，关心和维护职工群众的正当权利和利益，汇聚推进改革发展的正能量。

3. 推动事业发展

激发从业人员的工作热情和主人翁意识，帮助社会组织健全章程和各项管理制度，引导和支持社会组织有序参与社会治理、提供公共服务、承担社会责任。

4. 建设先进文化

坚持用社会主义核心价值观引领文化建设，组织丰富多彩的文化活动，营造积极向上的文化氛围，教育党员群众自觉抵制不良倾向，坚决同各种违法犯罪行为做斗争。

5. 服务人才成长

关心关爱人才，主动帮助引导，不断提高从业人员的思想水平和业务素质，支持和保障各类人才干事创业。

6. 加强自身建设

创新组织设置，健全工作机制，严格执行组织生活各项制度，做好发展党员和党员教育管理服务工作。维护和执行党的纪律，监督党员切实履行义务，做好党风廉政建设工作。

三、推进社会组织党的组织和党的工作有效覆盖

社会组织按单位建立党组织。凡有三名以上正式党员的社会组织，都要按照党章规定，经上级党组织批准，分别设立党委、总支、支部，并按期进行换届。规模较大、会员单位较多而党员人数未达到规定要求的，经县级以上党委批准可以建立党委。社会组织变更、撤并或注销，党组织应及时向上级党组织报告，并做好党员组织关系转移等相关工作；上级党组织应及时对社会组织党组织变更或撤销做出决定。

按行业建立党组织。行业特征明显、管理体系健全的行业，可依托行业协会商会建立行业党组织。行业党组织对会员单位党建工作进行指导。

按区域建立党组织。在社会组织相对集中的各类街区、园区、楼宇等区域，可以打破单位界限统一建立党组织。规模小、党员少的社会组织可以本着就近就便原则，联合建立党组织。

实现全领域覆盖。本着应建尽建的原则，加大党组织组建力度。暂不具备组建条件的社会组织，可通过选派党建工作指导员、联络员或建立工会、共青团组织等途径开展党的工作，在条件成熟时及时建立党组织。新成立的社会组织，具备组建条件的，登记和审批机关应督促推动其同步建立党组织。街道社区、乡镇村党组织要加强对城乡社区社会组织的领导和指导。通过各种方式，逐步推进党的组织和党的工作有效覆盖。

扩展阅读

河北省坚持党建引领 完善体制机制 全力推动社会组织服务高质量发展

河北省民政厅坚持党建引领，深化"放管服"改革，强化监管合力，全省结构合理、功能完善、竞争有序、诚信自律、

> 充满活力的社会组织高质量发展格局基本形成，社会组织"四个服务"作用较好发挥，服务高质量发展成效初步显现。
>
> 　　河北省先后以省两办名义出台《关于改革社会组织管理制度促进社会组织健康有序发展的实施意见》《关于促进全省社会组织高质量发展的若干措施》等政策文件。会同省有关部门印发《关于社会智库健康有序发展的实施意见》，出台《关于大力培育发展社区社会组织的实施意见》《河北省四类社会组织直接登记实施办法（试行）》《河北省异地商会管理办法（试行）》《河北省社会组织年度工作报告管理办法（试行）》等配套措施及规范性文件。指导雄安新区出台《河北雄安新区社会组织登记管理试点工作方案》，并依此制定三类社会组织登记办法。
>
> 　　节选自：河北省民政厅. 河北省坚持党建引领 完善体制机制 全力推动社会组织服务高质量发展. 中国社会组织，2023（24）.

第二节　社会组织党建工作机制建设

课程导入

聚焦党建品牌建设　赋能社会组织高质量发展

　　聚焦党建引领，品牌设计绘底色。济南市将党建品牌创建作为推动社会组织高质量发展的重要抓手，坚持以党建引领为着力点，以"党建＋业务"融合发展为突破口，以"有形象化标识、有个性化内涵、有制度化推进、有显性化成效、有可视化阵地"为主要内容，并制作徽章、贴纸、帆布袋和手提袋等系列衍生产品，塑造立体、鲜活的党建品牌形象。

聚焦系统发展，品牌创建有成色。创新实施了以"打造一个品牌、抓实两项重点、构建三大平台、完善四项机制"为主要内容的社会组织党建"1234"工程。建立"1+14+N"孵化体系，即高标准打造1个市社会组织党群服务中心作为核心阵地，依托县（区）社会组织服务孵化平台打造14个各具特色的标杆阵地，依托街镇、社区党群服务中心打造多个共享基层阵地。

节选自：郭爱武. 聚焦党建品牌建设 赋能社会组织高质量发展. 中国社会报，2023-04-21.

一、健全社会组织党建工作机制建设

（一）健全工作机构

县级以上地方党委要依托党委组织部门和民政部门建立社会组织党建工作机构，已经建立非公有制企业党建工作机构的，可依托党委组织部门将其与社会组织党建工作机构整合为一个机构。党委组织部门对同级社会组织党建工作机构进行指导。上级社会组织党建工作机构对下级社会组织党建工作机构进行指导。

（二）理顺管理体系

全国性社会组织党建工作分别归口中央和国家机关工委、国务院国资委党委统一领导和管理。地方社会组织党建工作由省、市、县级社会组织党建工作机构统一领导和管理。上述机关或机构在社会组织党建工作方面的主要职责是：指导基层党组织建设、党员队伍建设、思想政治工作、党的群众工作和党风廉政建设；督促指导所属社会组织党组织按期换届，审批选出的书记、副书记；审核社会组织负责人人选；指导做好党的建设的其他工作。城乡社区社会组织党建工作由街道社区和乡镇村党组织兜底管理。有业务主管单位的社会组织党建工作，由业务主管单位党组织领导和管理，接受社会组织党建工作机构的工作指导。社会组织中设立的党组，对本单位和直属单位党组织的工作进行指导。各地要按照有利于开展党的活动、加强党员教育管理的原则理顺社会组织党组织隶属关系。

（三）完善工作机制

各级党委组织部门和社会组织党建工作机构要加强统筹协调，定期召开有关部门参加的社会组织党建工作会议，及时研究有关重要问题。注重上下联动，及时沟通社会组织党建工作动态信息，研究部署重点任务，运用基层经验推动工作。县级以上党委组织部门和社会组织党建工作机构应直接联系一批规模较大、人员较多、影响力较强的社会组织党组织，及时了解情况、听取意见、加强指导。

二、社会组织党建工作的组织领导

（一）加强社会组织党建工作领导

把社会组织党建工作纳入党建工作总体布局，作为抓基层党建工作述职评议考核和相关部门领导班子、领导干部考核的重要内容。加强对与行政机关脱钩的社会组织党建工作的领导，确保脱钩不脱管。

（二）建立党建工作经费保障机制

建立多渠道筹措、多元化投入的党建工作经费保障机制。社会组织应将党建工作经费纳入管理费用列支，可按照有关规定据实扣除。社会组织党员上交的党费全额下拨，党委组织部门可用留存党费给予支持。有条件的地方，可采取多种方式给予必要的经费支持。支持具备条件的社会组织建设党组织活动场所，在社会组织相对集中的区域统筹建设党群活动服务中心。鼓励企事业单位、机关和街道社区、乡镇村党组织与社会组织党组织场所共用、资源共享。

（三）推动社会组织完善内部治理

坚持党的领导与社会组织依法自治相统一，依据党章和党内法规引领社会组织按章程运行、不断提升内部治理效能，引导和支持社会组织依法执业、诚信从业，积极参与社会治理、提供社会服务、承担社会责任。让社会组织从业人员享有充分的知情权、参与权、表达权、监督权，确保从业人员诉求得到认真倾听，通过对话、协商等民主方式来达成治理共识，进一步增强社会组织自治制度和基层民主的活力。健全完善内部治理机制，注重完善社会组织依法依规自治制度，完善依法自治工作机制，在参与公共服务和公益慈善事业中广泛实行群众自我管理、自我服务、自我教育、自我监督。完善党务、社务、财务公开制度，及时公开"人、财、物、事"等权力运行环节和事项，自觉接受从业人员和社会公众监督。强化基层纪检监察组织与社会组织审计、年检、等级评估、舆情监督等有效衔接，形成监督合力。同时，注重防范和化解重大风险，增强社会组织抗风险、抗危机能力。

扩 展 阅 读

安徽省马鞍山市党建引领激发社会组织发展"新动能"

安徽省马鞍山市民政局深入学习党的二十大精神，通过夯实党建基础、创新工作思路，持续推进社会组织党建工作，积极引导社会组织党组织参与基层治理、乡村振兴，服务中心大局。

在服务大局中展现新作为。发起社会组织红领"1+1"、百社进百村项目，引导社会组织积极参与助力乡村振兴、助推基层治理，发挥"党建+"特色，以达到促基层善治、促能力提升、促社区文明的效果，创新举措，目前所有参与项目的社会组织都已组建起党员志愿者队伍，有效带动了项目高质量开展。依托"红社引航·社会组织党建工作机制"红色品牌矩阵，"社区共享花园""爱心微课堂""小马蓝·为爱寻找""红袖章""好帮手"等一系列"党建+公益"优质公益服务品牌成效显著。

节选自：王颖琪.安徽省马鞍山市 党建引领激发社会组织发展"新动能".中国社会组织，2023（20）.

第三节　社会组织党建工作的开展

课程导入

党建引领下社会组织助力共富的象山实践

近年来，浙江省象山县高度重视社会组织高质量发展工作，紧紧围绕社会组织助力共同富裕这一工作导向，探索形成"红社领航·象益山海"品牌，在党建工作的引领下，象山县社会组织助力共同富裕的实践不断得到了深化。

筑牢"红社堡垒"。象山县成立了社会组织党建工作领导小组，将社会组织党建工作纳入县委书记述职范围，将党建工作嵌入社会组织审批、年检、评估、换届、培训、负责人选任全过程，动态实现社会组织党组织应建尽建目标。

活跃"红社因子"。围绕"党建+公益"，持续开展"6·28"社会组织党员公益日主题活动，累计引导193家社会组织有序开展公益服务。2021年，象山县社会组织服务中心党支部联合7个社会组织党组织开展了"幸福来敲门行动"，接受公益服务点单，截至2023年，受益群众逾3 000人次。

节选自：干文熙.党建引领下社会组织助力共富的象山实践.中国社会报，2023-08-16.

一、社会组织党务队伍建设

（一）选优配强党组织书记

按照守信念、讲奉献、有本领、重品行的要求，选优配强社会组织党组织书记。党组织书记一般从社会组织内部产生，提倡党员社会组织负责人担任党组织书记。社会组织负责人不是党员的，可从管理层中选拔党组织书记。社会组织中没有合适人选的，可提请上级党组织选派，再按党内有关规定任职。

（二）充实壮大党务工作者队伍

适应加强社会组织党建工作需要，坚持专兼职结合，多渠道、多样化选用，建设一支素质优良、结构合理、数量充足的党务工作者队伍。规模大、党员数量多的社会组织党组织，应配备专职副书记。加大党建工作指导员选派力度，充分发挥其组织宣传、联系服务、协调指导作用。在社会组织相对集中的区域建立党建工作站，配备专兼职人员做好党务工作。

（三）加强党务工作者教育培训

把社会组织党务工作者纳入基层党务干部培训范围，依托各级党校、行政学院、干部学院和高校开展培训。培训工作由党委组织部门、社会组织党建工作机构和民政、司法、财政、税务、教育、卫生计生、工商等有关部门组织实施。重点加强党的理论和路线方针政策、党内法规和国家法律法规、党务知识、社会组织管理等方面的教育培训，提高做好群众工作、服务社会组织发展的能力。

二、社会组织党建活动开展

（一）围绕社会组织健康发展开展党组织活动

党组织活动应与社会组织发展紧密结合，积极探索开展主题活动等有效载体，与社会组织执业活动、日常管理、文化建设等相互促进。推行社会组织党员管理层人员和党组织班子成员双向进入、交叉任职。党组织书记应参加或列席管理层有关会议，党组织开展的有关活动可邀请非党员社会组织负责人参加。

（二）贴近职工群众需求开展党组织活动

社会组织党组织要深入了解、密切关注职工群众思想状况和实际需求，创新思想政治教育方式，组织开展群众欢迎的活动，提供群众期盼的服务，加强人文关怀和心理疏导，积极为群众排忧解难，寓教育于服务之中，切实增强党组织的吸引力和影响力。坚持党建带群建、群建促党建，注重发挥工会、共青团、妇联等群团的组织作用，形成做好群众工作的合力。

（三）突出社会组织特点开展党组织活动

发挥社会组织及其从业人员专业特长，积极开展专业化志愿服务。发挥社会组织人才、信息等资源丰富的优势，主动与社区和其他领域党组织结对共建，实现资源共享、优势互补。发挥社会组织联系广泛的优势，组织党员在从业活动中宣传党的路线方针政策，凝聚社会共识。针对从业人员流动性强的特点，充分利用现代信息技术手段开展活动，增强党组织活动的开放性、灵活性和有效性。

（四）紧扣党员实际创新教育管理服务

保障和落实党员知情权、参与权、选举权、监督权，积极推进党务公开，提高党员对党内事务的参与度，发挥党员在党内政治生活中的主体作用。以党性教育为重点，加强党员教育培训，不断提高党员素质。通过设立党员先锋岗、党员责任区、党员服务窗口等形式，积极开展党员公开承诺践诺活动，充分发挥示范带动作用。

（五）贯彻从严要求提高组织生活质量

紧密联系党员思想工作实际，严格落实"三会一课"、民主评议党员、党员党性定期分析等制度。经常听取职工群众对党组织和党员的意见，对存在的问题及时进行整改。按照规定召开党员领导干部民主生活会，定期召开党员组织生活会，积极开展批评和自我批评，教育引导党员守纪律、讲规矩，坚决防止组织生活随意化、平淡化、娱乐化、庸俗化。

扩 展 阅 读

全方位推进清廉社会组织建设

近年来，浙江省湖州市以"强党建、抓规范、促廉洁"为主线，从制度、阵地、公益、文化、规范、品牌六个方面，全方位推进清廉社会组织建设。

湖州市委办公室、市政府办公室出台《关于促进社会组织高质量发展助力共同富裕绿色样本建设的实施意见》，强调以"强党建、抓规范、促廉洁"为主线，将清廉建设纳入社会组织党建工作统一部署。印发《湖州市清廉社会组织建设实施方案》，明确各阶段工作任务，提出具体工作举措，推动清廉社会组织建设有序推进。制订《湖州市清廉社会组织建设年度工作计划》，建立工作专班，构建统筹兼顾、协同推进的工作机制，全力推进各项工作落实落地落细。

节选自：俞祖明，钟鑫爱.强党建 抓规范 促廉洁 浙江湖州：全方位推进清廉社会组织建设.中国社会报，2024-03-26.

思考题

1. 社会组织党建工作的重要意义是什么？
2. 社会组织党组织的基本职责是什么？
3. 社会组织党建活动如何开展？

模拟情景练习

"七一"前夕，中国某行业协会为表现广大社会组织党员模范带头、甘于奉献、攻坚克难、服务群众的时代风采和精神风貌，计划开展一次"党旗在我心中"主题建党日活动，假如你是一名办公室或宣传部门的工作人员，请撰写一份活动策划方案。（要求运用现代信息技术，发挥新媒体优势，提升宣传效果。）

参考文献

1.《关于加强社会组织党的建设工作的意见（试行）》（2015年9月29日中共中央办公厅印发）

2.《关于改革社会组织管理制度促进社会组织健康有序发展的意见》（2016年8月21日中办、国办印发）

3.《关于大力培育发展社区社会组织的意见》（2017年12月27日民政部印发）

第四章
社会组织财务管理

学习目标

1. 学习和了解社会组织会计核算的基本原则和基本内容
2. 理解社会组织资产管理中的制度建设、现金管理和物资管理
3. 理解和掌握社会组织财务收入和支出的基本内容

第一节 社会组织会计核算

课程导入

让"指尖公益"更阳光透明高效精准

互联网公开募捐服务平台连接着慈善组织、捐赠人、受益人，同时影响着更广大的公众，辐射出一个超强的慈善"磁场"。但是，"大流量"是一把"双刃剑"，在产生巨大的公益传播力之时，负面

舆情一旦出现，将可能被"大流量"迅速扩散和发酵，对互联网慈善的公信力造成伤害。从根本上说，透明度是应对网络舆情的坚硬铠甲。为此，新修改的《慈善法》第二十七条规定，"国务院民政部门指定的互联网公开募捐服务平台，提供公开募捐信息展示、捐赠支付、捐赠财产使用情况查询等服务"，强调的恰恰是透明度。这一新增条款，要求平台公开披露慈善相关信息，足见政府对互联网公开募捐平台公开透明要求的高度重视。支付宝公益平台此次升级运营规则，对项目审核上线要求、信息发布要求、透明度要求等做了进一步细化，目的就是通过加强规范管理和操作，更好地保障公众对慈善项目的知情权，让互联网公益进一步晒在阳光下。

节选自：许娓，张世华. 让"指尖公益"更阳光透明高效精准. 中国社会报，2024-02-04.

社会组织应按照《中华人民共和国慈善法》《中华人民共和国会计法》和《民间非营利组织会计制度》等规定，设置会计科目，建立会计账簿，进行会计核算，及时提供合法、真实、准确、完整的会计信息。

社会组织财务管理的主要任务：一是提高资金使用效率，降低费用，节约开支，依法、合理筹集、管理、使用资金。二是认真执行会计制度，及时、准确、完整地进行会计核算，编制财务预决算和财务会计报表，真实反映单位财务状况，开展财务分析。三是建立健全社会组织内部财务管理制度，加强财务监督，保障社会组织经费的有效合理使用。四是加强财产物资管理，维护资产的完整和安全，防止资产流失和浪费。

一、会计核算的基本原则

（一）客观性原则

社会组织会计核算应当以实际发生的交易或者事项为依据，如实反映社会组织的财务状况、业务活动情况和现金流量等信息。会计核算所提供的信息应当能够满足会计信息使用者（如捐赠人、会员、监管者等）的需要。

（二）一致性原则

会计政策前后各期应当保持一致，不得随意变更。如有必要变更，应当在会计报表附注中披露变更的内容和理由、变更的累积影响数，以及累积影响数不能合理确定的理由等。会计核算应当按照规定的会计处理方法进行，会计信息应当口径一致、相互可比。

（三）合规性原则

遵守国家有关社会组织的法律法规和会计制度，确保会计核算的合法性。会计核算应当及时进行，不得提前或延后。会计核算和编制的财务会计报告应当清晰明了，便于理解和使用。资产在取得时应当按照实际成本计量，但有特别规定的，按照特别规定的计量基础进行计量。

（四）重要性原则

社会组织会计核算应当遵循重要性原则，对资产、负债、净资产、收入、费用等有较大影响，并进而影响财务会计报告使用者据以做出合理判断的重要会计事项，必须按照规定的会计方法和程序进行处理，并在财务会计报告中予以充分披露；对于非重要的会计事项，在不影响会计信息真实性和不至于误导会计信息使用者做出正确判断的前提下，可适当简化处理。

二、会计核算的基本内容

（一）会计核算的基础要求

社会组织应当根据业务需要合理设置会计机构，配备专（兼）

职会计人员，会计人员必须具备从事会计工作所需要的专业能力。没有条件设立会计机构或配备会计人员的，可委托从事会计代理记账业务的中介机构代理记账。会计不得兼任出纳，出纳不得兼管稽核、会计档案保管和收入、费用、债权债务账目的登记工作。

社会组织应当开设独立的基本存款账户，实行财务自收自支、单独核算，各项收支全部纳入单位基本存款账户管理，确有必要增设其他账户（含一般存款账户、专用存款账户、临时存款账户、外汇账户），应于账户开立30日内向登记管理机关备案。社会组织的银行账户不得出租、外借和转让给其他单位或个人使用。

社会团体、基金会分支机构不具有法人资格，不得开设独立的银行账户，分支机构的全部收支，必须纳入单位基本存款账户统一管理，不得进入其他单位或个人账户。社会组织设立（变更）银行账号和刻制财务专用章，应当向登记管理机关备案。

社会组织的法定代表人应当对会计工作和会计资料的真实性、完整性负责。

社会组织财务人员，应认真履行监督职责，对不符合财务规定的各项收支，有权进行制止；对不真实、不合法的原始凭证有权不予接受，并向单位负责人报告；对记载不准确、不完整的原始凭证予以退回，并要求按照国家统一的会计制度的规定更正、补充；对有严重违法违规行为的，应及时向有关部门举报。

（二）会计核算的监督管理

社会组织应当实行财务公开，定期向会员代表大会、理事会报告财务工作，公布年度财务状况，接受社会监督，做到公开、透明，并通过办公场所、官方网站、官方微信等平台主动公开收费标准、捐赠资金去向、财务收支情况等。其中，慈善组织还应当按照有关规定向社会定期公开募捐情况和慈善项目实施情况。

社会组织应当在规定时间内主动接受会计师事务所的年度财务审计，如实、完整报送相关财务资料，并按规定向登记管理机关报送上一年度的年度工作报告。社会组织换届、变更法定代表人和办理注销清算，应由登记管理机关安排有资质的会计师事务所进行经济责任、离任或财务清算审计，所需审计费用由登记管理机关同级的财政部门在年度预算中予以安排，专款用于社会组织审计管理经费支出，社会组织不再承担相关审计费用。

（三）会计核算的档案管理

社会组织必须加强会计档案（含电子会计档案）管理，建立会计档案的立卷、归档、保管、查阅和销毁等管理制度，并于每年年底整理立卷、装订成册，编制会计档案保管清册，保证会计档案妥善保管、有序存放、方便查阅、严防毁损、散失和泄密。会计档案保管期限依据《会计档案管理办法》中企业和其他组织会计档案保管期限规定执行。

扩 展 阅 读

广州83家慈善组织透明度获A级

2023年10月26日上午，由广州市民政局指导，广州市慈善服务中心、广州市慈善组织社会监督委员会联合主办的2022年度广州地区慈善组织透明度发布会顺利举行。

广州地区慈善组织的信息公开水平稳步提升，透明度总体表现良好。2022年度，共有259家慈善组织参与透明度评价，较2021年度的228家有明显提升，较2017年的58家有大幅提升。

据悉，广州市慈善服务中心将充分运用本次评价结果，坚守阳光慈善，持续打造慈善事业廉洁品牌，评价结果运用包括：一是加强宣传推广，对在本次透明度评价排行中获得A等级的慈善组织进行重点宣传，发挥榜样引领、先进带动作用，提高慈善组织主动公开、促进阳光慈善的积极性；二是链接项目资源，为 A 级慈善组织优先链接慈善项目资源，加强慈善组织的联动与合作；三是提供培训渠道，为 A 级慈善组织优先链接培训资源，提供更优质的培训平台和资源，壮大慈善组织的专业人才队伍。

节选自：杨欣. 广州 83 家慈善组织透明度获 A 级. 广州日报，2023-10-27.

第二节 社会组织资产管理

课程导入

坚持不懈开创慈善事业高质量发展新局面

截至 2023 年 11 月 15 日，全国共登记认定慈善组织超过 1.3 万个，净资产合计近 2 000 亿元；全国累计成立慈善信托 1 544 笔，信托合同规模达 63.33 亿元。

依法规范捐赠、受赠行为，增强透明度，主动接受监督，让每一份爱心善意都及时得到落实，是习近平总书记对慈善事业规范管理提出的明确要求。2023 年，民政部启动实施"阳光慈善"工程，通过开展政策宣讲、监督管理、信息化建设、制度建设等工作，进一步提升慈善事业公信力。民政部发挥"标准化＋法治化"耦合效应，推动《社会捐赠管理规范》和《社会捐赠术语》申报国家标准工作，跑出慈善法治"加速度"。

2023年以来，民政部致力于推动互联网公益慈善规范发展，对29家互联网募捐信息平台加强指导。同时，依托中国网络文明大会、世界互联网大会乌镇峰会，举办公益慈善论坛。

节选自：赵晓明.坚持不懈开创慈善事业高质量发展新局面：2023年慈善事业发展综述.中国社会报，2024-01-12.

社会组织资产管理，是指社会组织对其拥有的各类资产进行计划、组织、协调和控制的过程，目的是最大限度地发挥资产效用，保障资产的安全与完整，并确保资产服务于组织的使命和战略目标。社会组织应当定期对其资产变动情况进行检查，最大限度地实现社会组织资产的保值增值。资产按其流动性分为流动资产、长期投资、固定资产、无形资产和受托代理资产等。

一、资产管理中的制度建设

社会组织应当建立完善的财务收支授权审批制度，明确财务审批人员、审批权限、审批程序，以及审批人员的责任及审批内容等。社会组织资金收付必须以相关真实、合法的原始凭证为依据，包含但不限于相关事项收支票据、银行回单、协议、物资清单、重大收支会议纪要等。不得使用白条或虚假发票入账。资金收付方面，应指定出纳人员根据社会组织内部控制制度的要求办理相关资金收支业务，日常资金支出时，须有经办人、证明人签字，并经部门负责人审核后报社会组织负责人审批方可报销。

社会组织取得的货币资金收入必须按照票款同步的原则及时入账，不得私设"小金库"，不得截留、坐支、挪用和账外设账。严禁收款不入账。社会组织不得向其他组织和个人提供与业务活动无关的借款。

社会组织应建立财产物资管理制度，明确购置、验收、领用、保管、检查、调拨、报废等机制，按类别或品种设立明细账，进行登记造册，并按要求计提固定资产折旧，保证账物相符。

二、资产管理中的现金管理

社会组织的现金管理必须严格按照《现金管理暂行条例》执行，遵守现金库存限额、现金使用范围、现金发放手续的规定。除按《现金管理暂行条例实施细则》库存少量现金备用外，其他货币资金必须存入社会组织基本存款账户。单笔资金超过1 000元以上的结算事项，社会组织必须通过对公账户办理转账结算，不得直接以现金收付。社会组织支付现金，可以从本单位库存现金限额中支付或者从基本存款账户提取，不得从本单位的现金收入中直接支付（即坐支）。

社会组织应加强往来款项管理，做好往来款项审批和清理工作，定期催收、催缴、催结往来款项，及时办理往来款项财务结算手续，避免长期挂账，增加财务管理风险。无法收回的3年以上长期应收款，应提前做计提坏账准备。

社会组织按规定只允许设立一个基本账户。社会组织设立、变更银行账号和刻制财务专用章等事宜应按规定报登记管理机关备案。社会组织的银行账号不得出租、出借和转让给其他单位或个人使用。

社会团体分支（代表）机构不具备法人资格，不得开设银行账户。

三、资产管理中的物资管理

社会组织的物资包括固定资产、材料和低值易耗品、无形资产等。

社会组织所接受的捐赠物资，属于捐赠给本单位的，应根据捐赠物资的不同性质，纳入本单位财物管理范围，依法进行会计核算和实物管理；属于转赠的，应经会计核算后办理合法手续转赠受益人，不得损坏、截留、私分。

社会组织的资产来源必须合法，任何单位和个人不得侵占、私分或者挪用。

社会组织资产包括社会组织占有、使用，依法确认为社会组织所有，能以货币计量的流动资产、固定资产、无形资产、在建工程和对外投资等各种经济资源。固定资产包括土地、房屋、设备、交通工具、通信工具等。无形资产包括土地使用权、专利权、商标权、著作权、特许经营权、非专利技术、商誉等。

社会组织购置固定资产经费应列入当年预算，未列入的一律不安排购置。

社会组织应当每年进行资产清查，包括财务管理、财产盘点、损益认定、资产核实等。

社会组织设立时取得的注册资金，应当直接计入净资产；社会组织变更登记注册资金属于自愿采取的登记事项变更，并不引起资产和净资产的变动，无须进行会计处理。

社会组织申请注销登记前，应当在业务主管单位（行业管理部门）及其他有关机关的指导下，成立清算组织，完成清算工作。清算期间，社会组织不得开展清算以外的活动。

社会组织注销登记时，不得向出资人、设立人或者会员分配剩余财产，剩余财产应当按照社会组织章程的规定用于公益目的，无法按照章程规定处理的，由业务主管单位（行业管理部门）或登记管理机关主持转给宗旨相同或者相近的社会组织，并向社会公告。

扩　展　阅　读

基金会"透明度"升级：帮帮公益平台增加中基透明指数 FTI 标签

基金会的公开度、透明度、公信力一直以来都受到社会各界的关注，随着《慈善法》《慈善组织信息公开办法》等法律法规的出台，基金会对于自身的公信力建设更加重视。2023年，民政部启动实施"阳光慈善"工程，社会各界对公益慈善组织的信息公开提出了更高的要求。

为减少捐赠人和基金会之间的信息不对称情况，互联网募捐信息平台已成为捐赠人了解基金会信息最便捷的渠道之一。记者了解到，近日，中华思源工程基金会旗下的帮帮公益平台，上线了"中基透明指数FTI"（简称"FTI"）标签，通过该平台参与互联网募捐的基金会，都会在机构名称下面显示FTI分数和中国社会组织等级评估。在帮帮公益平台内，FTI分数越高、中国社会组织等级评估越好的公益组织，获得平台推荐及曝光的机会越多。

据了解，FTI是2012年由基金会中心网与清华大学廉政与治理研究中心共同研发推出的，反映我国基金会的自律透明、信息公开水平的一套综合指标。

节选自：石文君，文梅.基金会"透明度"升级：帮帮公益平台增加中基透明指数FTI标签.华夏时报，2024-03-29.

第三节 社会组织收支管理

课程导入

"募捐成本"纳入新修改的《慈善法》，公益成本意识如何构建？

2023年12月29日新修改的《慈善法》第十三条规定，"慈善组织应当每年向办理其登记的民政部门报送年度工作报告和财务会计报告。报告应当包括年度开展募捐和接受捐赠、慈善财产的管理使用、慈善项目实施、募捐成本、慈善组织工作人员工资福利以及与境外组织或者个人开展合作等情况"。

2024年2月，民政部发文要求全面学习修改后的《慈善法》，实现以法促善、依法行善的新局面。"募捐成本"一词首次出现在慈善相关的上位法中，这让一直有些隐晦的慈善成本展现在公众面前。"募捐成本"包括哪些，如何披露，是否限额？专家对此表示，公众应构建起公益成本意识。

"入法更显正规化。"北京师范大学中国公益研究院理事长王振耀表示，"'募捐成本'早就存在于民间非营利组织会计制度中，会计表格就有显现，在《慈善法》出台前就有。入法前，公众没这个意识，不敢说募捐成本。类似'提成''服务费'等词让慈善变得负面，入法后会给公众带来慈善理念的变化，能够规范概念，调整理念，完善公共行为"。

节选自：张明敏.“募捐成本”纳入新修改的《慈善法》公益成本意识如何构建？.环球慈善，2024（3）.

社会组织收支管理是指社会组织在其运营过程中，对组织的所有收入来源和支出项目的规范化管理，确保收支活动合法合规、公开透明、有效利用资源以及实现组织宗旨的财务管理体系。

一、社会组织财务收入

社会组织的财务收入来源于多元化的渠道，这些收入对于维持社会组织正常运作、实施公益项目计划和达成公益目标至关重要。

（一）财务收入的类型

捐赠收入：包括来自个人、企业、其他社会组织或政府等各种主体的无偿赠与资金或实物。捐赠是社会组织开展公益活动、实现公益使命的关键资金保障。

会费收入：这是社会组织尤其是协会商会的重要收入来源，由会员按照规定或约定交纳的费用构成。会费收入用于支持组织的基础运营和为会员提供的各项服务。

提供服务收入：社会组织通过提供培训、咨询、研究或其他专业服务获取的收入。这部分收入体现了社会组织的社会价值和市场竞争力。

政府补助收入：政府部门为了支持特定的社会公共服务或公益项目，给予社会组织的财政拨款或补贴。

商品销售收入：部分社会组织可能会通过售卖与其宗旨相关的商品或出版物来获取收入，如环保组织销售环保产品，文化类社团销售文化周边商品等。

投资收入：社会组织将闲置资金进行适当的投资，如购买国债、金融产品或参与符合自身宗旨的投资项目，从而获得的投资回报。

租赁收入：如果社会组织拥有房产、设备等资产，可以通过出租获取租金收入。

其他收入：除上述收入外的赞助收入、利息收入、知识产权授权收入等其他合法合规的收入。

（二）财务收入的管理

社会组织对于各项收入应当按是否存在限定性收入和非限定性收入的限定区分进行会计核算。期末，社会组织应当将本期限定性收入和非限定性收入分别结转至净资产项下的限定性净资产和非限定性净资产。

慈善组织开展募捐、接受捐赠取得的财产应当严格根据《慈善法》《慈善组织公开募捐管理办法》等法律规章执行，募得的捐赠财产全部收支应当纳入慈善组织账户，由慈善组织统一进行财务核算和管理。

社会组织各项收入除用于自身运营管理成本和其他合理开支外，应当全部用于组织章程规定的非营利事业，盈余不得分配。社会组织的财产及其他收入受法律保护，任何单位和个人不得私分、侵占、挪用。

社会组织接受社会各界的捐赠，应坚持自愿和无偿的原则，符合章程规定的宗旨和业务范围，严禁任何形式的摊派，不能设置有损国家和社会公众利益的交换条件。对于境外组织和个人的捐赠，社会组织应履行涉外活动报告制度。

社会组织提供的有偿服务，服务内容须在核准的业务范围内，收费须按有关规定办理相关手续，自觉接受管理和监督检查，并向社会公示。不得强制提供服务和强制收费，不得转包或委托与社会组织负责人有直接利益关系的企业、事业单位实施。

社会组织取得的各项应税收入，必须按照税收法律、行政法规等规定纳税，办理纳税申报。

二、社会组织财务支出

社会组织的财务支出包括：业务费用（业务活动成本）、管理费用、人员费用、筹资费用和其他费用。

（一）业务费用

业务活动费用是指社会组织为了实现其业务活动目标、开展项目活动或者提供服务所发生的费用。

业务费用应当与章程规定的业务范围相符，严禁出现与业务范围无关的支出。社会组织应当根据所开展的业务从事的项目、提供的服务等具体情况，在业务费用中明确各明细支出。其中，慈善组织的业务费用应明确慈善活动支出和其他业务支出，慈善活动支出标准根据《关于慈善组织开展慈善活动年度支出和管理费用的规定》执行。

(二) 管理费用

管理费用是指社会组织为组织和管理其业务活动所发生的各项费用，管理费用支出应当坚持"厉行节约，量入为出"的原则，严格控制接待性开支。其中，慈善组织的管理费用是指慈善组织按照《民间非营利组织会计制度》规定，为保证本组织正常运转所发生的费用：

一是理事会等决策机构的工作经费；二是行政管理人员的工资、奖金、住房公积金、住房补贴、社会保障费；三是办公费、水电费、邮电费、物业管理费、差旅费、折旧费、修理费、租赁费、无形资产摊销费、资产盘亏损失、资产减值损失、因预计负债而产生的损失、聘请中介机构费等。

慈善组织中具有公开募捐资格的基金会年度慈善活动支出不得低于上年总收入的70%；年度管理费用不得高于当年总支出的10%。

慈善组织中具有公开募捐资格的社会团体和社会服务机构年度慈善活动支出不得低于上年总收入的70%；年度管理费用不得高于当年总支出的13%。

(三) 人员费用

社会组织应与专职工作人员签订劳动合同，明确专职工作人员的工资、福利待遇，为其办理五险一金，专职工作人员工资标准应当参照当地事业单位人员平均工资水平和社会组织自身发展情况等因素综合确定。

经批准在社会组织中兼职（兼理事及以上职务）的现职、退（离）休领导干部不得领取社会组织薪酬、奖金、津贴等报酬和相关补贴，确属需要的工作经费，要从严控制，在预算内实报实销。

(四) 筹资费用

筹资费用是指社会组织为筹集业务活动所需资金而发生的费

用，包括社会组织为了获得捐赠资产而发生的募款活动费、宣传资料费等相关费用。

（五）其他费用

其他费用是指社会组织发生的除业务费用、管理费用、人员费用、筹资费用以外的其他合法合理开支，包括固定资产、无形资产处置净损失等。

社会组织的某些费用如果属于多项业务活动或者与业务活动、管理活动和筹资活动等共同发生，而且不能直接归属于某一类活动，应当将这些费用按照合理的方法进行分配，分别计入业务费用、管理费用、筹资费用和其他费用。

扩 展 阅 读

社会组织捐赠收入破百亿，2022年度深圳慈善捐赠榜发布

2023年9月17日，历时三天的第十届中国公益慈善项目交流展示会闭幕。第十届中国公益慈善项目交流展示会期间，深圳市民政局发布了2022年度深圳慈善捐赠榜，为上榜单位及个人代表颁发纪念证书，褒扬慈善先进，营造崇德向善的良好氛围。

据悉，2022年度企业捐赠榜共有705家企业上榜，捐赠金额共75.71亿元。其中，腾讯公司、万科企业股份有限公司、中国平安保险（集团）股份有限公司、深圳明德控股发展有限公司4家爱心企业捐赠额超过1亿元。个人捐赠榜共有589名爱心人士上榜，捐赠金额共2.5亿元，其中，捐赠额超过100万元的共19人，李贤义、朱保国和1名爱心人士捐赠额超过1 000万元。社会组织捐赠收入榜共有648家社会组织上榜，捐赠收入共102.9亿元。其中，2022年捐赠收入达100万元以上的社会组织共266家，腾讯公益慈善基金会、深圳新基石科学基金会、深圳壹基金公益基金会、深圳市慈善会等10家社会组织捐赠收入超过1亿元。

同时，第十届中国公益慈善项目交流展示会期间，深圳还为首批获认证的"鹏城慈善地标"颁发证书，共同打造深圳慈善名片。

节选自：程赞.社会组织捐赠收入破百亿，2022年度深圳慈善捐赠榜发布.（2023-09-16）[2024-12-03]. https://www.dutenews.com/n/article/7744692.

思 考 题

1. 社会组织会计核算的基本原则和基本内容是什么？
2. 社会组织如何开展现金管理和物资管理？
3. 社会组织财务收入和支出的基本内容是什么？

模拟情景练习

某行业协会准备换届，在开会后请会计师事务所进行了财务审计，事务所出具的审计报告指出社会组织存在超额现金支付的问题：某现金支付举办换届酒店的会议费、住宿费、餐费等5万元；某现金购买文件柜两个0.42万元。请分析该案例中存在哪些问题？

参考文献

1.《中华人民共和国慈善法》（2016年3月16日第十二届全国人民代表大会第四次会议通过；根据2023年12月29日第十四届全国人

民代表大会常务委员会第七次会议《关于修改〈中华人民共和国慈善法〉的决定》修正）

2.《中华人民共和国民法典》（2020年5月28日第十三届全国人民代表大会第三次会议通过）

3.《民间非营利组织会计制度》（2004年8月18日由财政部印发，2024年12月20日修订）

4.《〈民间非营利组织会计制度〉若干问题的解释》（2020年6月15日由财政部印发）

第五章 社会组织人才管理

学习目标

1. 学习和了解社会组织的人才岗位设置和人才选聘工作
2. 理解和掌握社会组织人才教育培训的特征
3. 理解和掌握社会组织薪酬管理的主要内容

第一节 社会组织人才选聘

课程导入

2023年上半年全国社会组织为高校毕业生提供岗位约16.5万个

民政部召开的2023年第二季度例行新闻发布会上,民政部社会组织管理局副局长陈小勇介绍，2023年上半年，全国社会组织共面向高校毕业生发布招聘岗位约16.5万个、实际招聘高校毕业生7.3万余人，设立就业见习岗位约10万个、实际招收就业见习高校毕业生5.7万余人，开展各类就业服务活动2.5万余场，推动近10万家会员单位面向高校毕业生发布招聘岗位达68万个，社会组织助力高校毕业生就业工作取得初步成效。

2023年，民政部开展了"陪伴成长·社会组织助力高校毕业生就业行动"，召开了社会组织助力就业工作视频会议，印发了《民政部办公厅关于做好2023年社会组织助力高校毕业生就业工作的通知》。各地民政部门积极响应，进一步加强政策引领，搭建对接平台，引导社会组织挖潜岗位，帮助毕业生早就业、顺利就业。

截至2022年底，全国89.2万家社会组织共吸纳专职人员超过1 100万人，平均每个组织的专职人员约为12人；同时，社会组织还在开展课题研究、公益项目、志愿服务等活动中吸纳了大量灵活就业人员，具有较强的促进就业潜力。

节选自：宋子节，温璐. 2023年上半年全国社会组织为高校毕业生提供岗位约16.5万个．（2023-07-17）[2024-12-03]. http://society.people.com.cn/n1/2023/0717/c1008-40037586.html.

一、社会组织人才岗位设置

社会组织人才选聘，是指各类社会组织在发展过程中，通过科学、规范的程序和方法，选拔和任用符合组织战略目标、具备所需能力和素质的人才进入相应岗位并促进其发展的过程。一般设置如下岗位：

（一）机构领导岗位

机构领导岗位包括理事长（会长）、副理事长（副会长）、秘书长、中心主任等。理事长负责制定发展战略，对外代表机构，引导机构发展方向；副理事长协助理事长工作，分管特定业务或领域；秘书长作为机构日常运营的总负责人，负责执行理事会决议，协调各部门工作，对外沟通联络，确保机构各项事务正常运行。

（二）行政管理岗位

行政管理岗位包括办公室主任、行政助理、人力资源专员等，负责机构日常行政事务管理，包括文秘工作、会务安排、人事管理、薪酬福利、档案管理、后勤保障等，确保机构内部管理规范、高效。

（三）项目管理岗位

项目管理岗位包括项目经理、项目负责人等，负责社会组织主要服务项目的策划、申请、执行、监控与评估。他们根据机构战略与社会需求设计项目，协调各方资源，确保项目按期保质完成，实现预期的社会效益。

（四）筹款与资金管理岗位

筹款与资金管理岗位包括筹款经理、财务主管、会计等，负责社会组织的资金筹集与财务管理。他们通过策划筹款活动、申请政府资助、对接企业赞助、开展公众募捐等方式筹集资金，同时严格遵守相关法规，开展资金的收支管理、预算编制、财务报告与审计等工作，确保资金使用的合规性与透明度。

（五）专业服务岗位

根据社会组织的服务领域，设置相应的专业服务岗位，如养老机构的护理员、社工，儿童福利机构的保育员、心理咨询师，社区服务中心的社区工作者、家庭辅导师，法律援助机构的律师、法律咨询员等。这些岗位人员是社会组织实现其公益目标的关键力量。

（六）宣传外联岗位

宣传外联岗位包括宣传专员、新媒体运营等，负责社会组织的对外形象塑造与传播，以及与社会各界的沟通联络。他们通过新闻发布、媒体关系管理、品牌推广、社交媒体运营等方式，提升机构知名度与影响力，争取公众理解与支持，维护良好的公共关系。

（七）志愿服务岗位

志愿服务岗位包括志愿者协调员、义工管理员等，负责社会组织志愿者招募、培训、管理与激励工作，旨在构建有效的志愿者管理体系，确保志愿者资源的有效利用，提升志愿服务的质量与效果。

（八）法务合规岗位

法务合规岗位包括法务专员等，负责社会组织的法律咨询、合同审查、合规性检查、纠纷处理等工作，确保机构在法律法规框架下开展各项活动，保障机构及服务对象的合法权益。

（九）教育培训岗位

教育培训岗位包括培训主管、课程设计师等，负责行业协会的教育培训工作，包括职业技能培训、行业知识讲座、专题研讨会等，旨在提升会员及行业从业人员的专业素质与技能水平，推动行业整体人力资源素质提升。

（十）研究倡导岗位

研究倡导岗位行业研究员、技术顾问、标准制定专员等，专注于行业研究、技术咨询、标准制定与推广等工作。通过分析行业趋势，为会员企业提供前沿信息、专业技术指导、行业标准解读等服务，助力会员企业提升竞争力。

二、社会组织人才选聘工作

社会组织的人才选聘是一个复杂而关键的过程，直接关系到组织的长远发展和服务质量。

（一）明确组织需求和岗位设置

在开始选聘之前，社会组织需要明确自身的使命、愿景和战略目标，以及由此产生的具体岗位需求。应与相关部门和岗位负责人进行深入沟通，明确组织当前和未来的人才需求。对每个岗位进行详细的职位描述，包括职责范围、所需技能和经验、工作条件等。

（二）制订招聘计划

在明确了人才需求后，社会组织需要制订详细的招聘计划。这包括确定招聘的时间安排、预算分配以及选择适当的招聘渠道和方式。例如，可以通过招聘网站、社交媒体、招聘会等多种渠道发布招聘信息，以扩大候选人的覆盖范围。

（三）拓展招聘渠道和开展宣传

利用互联网平台（如招聘网站、社交媒体）发布招聘信息，吸引更广泛的候选人关注。与高校、职业培训机构合作，通过校园招聘、实习等方式吸引新鲜血液。通过内部推荐、行业会议等方式建立与潜在人才的联系。

（四）进行简历筛选

在收集到应聘者的简历后，社会组织需要对其进行仔细筛选和背景调查。筛选过程中，应重点关注候选人的教育背景、工作经验、技能特长以及个人品质等方面。通过这一环节，可以初步筛选出符合岗位要求的候选人，为后续的笔试、面试和选拔环节奠定基础。

（五）开展岗位匹配与正式录用

社会组织需要根据候选人的能力和性格特点，匹配适合的岗位。在岗位匹配过程中，应充分考虑候选人的职业发展规划和组织的长远发展需求。完成岗位匹配后，社会组织应向候选人发出录用通知，并与其签订劳动合同，明确双方的权利和义务。

扩 展 阅 读

组织"招不来人"怎么办？

"招不来人"几乎是所有社区社会组织面临的最大难题，通常又分两种情况：一种是在成立之初就没人响应参与，极有可能导致组织组建不起来；另一种是在发展过程中吸纳不到新成员，导致组织青黄不接，规模无法扩大甚至缩小。

社区社会组织招募如同高校大学生社团的纳新一样，需要营造一个良好的组织文化氛围，并建立一套公平完整的准入机制。打破了血缘关系而居的社区居民，与刚入校时来自天南海北的大学生一样，需要机会和平台重建自己的社会关系网络，而社区和专业社会工作者应竭力协助他们破除陌生，打破次团体，并建立社区层面更广泛意义上的熟人关系和集体意识，营造平等、尊重、包容、友好的社区参与文化氛围，从而增强社区居民之间的社会交往、社会互动和凝聚力。

节选自：徐红艳.组织"招不来人"怎么办？.中国社会工作,2021(4).

第二节 社会组织人才教育培训

课程导入

要大力加强慈善专业人才队伍建设

公益慈善是我国社会保障制度的重要组成部分，也是推动社会治理和社会创新的重要力量。现阶段，公益慈善事业发展迎来了新的历史机遇，但公益慈善组织在专业人才队伍建设方面还面临着数量不足、结构不合理、素质不高等问题，亟须从教育体制、组织建设、政策支持等方面进行改革与完善，亟须培养一批兼具专业知识、专业技能和专业素养的慈善人才。

对于公益慈善组织来说，加强专业人才队伍建设，意义重大。

专业的慈善人才可以为公益慈善组织提供更科学的战略规划、组织架构、财务管理、风险控制等方面的支持和指导，提高公益慈善组织的内部效率和稳定性。

专业的慈善人才可以为公益慈善组织提供更专业的项目设计、资源筹集、品牌建设、社会影响等方面的支持和指导，提高公益慈善组织的外部影响力和竞争力。

节选自：余子钧.要大力加强慈善专业人才队伍建设.中国社会报，2023-04-24.

社会组织人才教育培训的含义是指针对社会组织从业人员进行的一系列有计划、有目的、系统化的知识传授、技能培养、价值观塑造和职业素养提升的过程。

一、社会组织人才教育培训的特征

社会组织人才教育培训具有以下几个显著特征：

（一）定制化

培训内容和方式通常围绕社会组织的实际需求和人才特点进行设计，提供定制化的培训方案，满足个性化发展需求。确保培训效果能够直接转化为工作能力的提升。

（二）实践化

社会组织人才教育培训应注重理论与实践相结合，培训过程中注重实践操作和案例分析，使学员能够在实践中学习和掌握相关知识和技能，提高解决实际问题的能力。社会组织人才教育培训关注培训成果的转化和应用，以提升实际工作业绩为导向，评估培训效果，确保培训价值的实现。

（三）科技化

随着社会的不断发展和技术的不断进步，社会组织人才教育培训也需要不断更新和完善，以适应新的形势和需求。AI 时代的社会组织人才教育培训充分利用先进技术手段，实现了培训内容的个性化、教学方式的多元化、学习过程的智能化以及效果评估的精准化。

（四）持续化

社会组织人才教育培训是一个持续的过程，不仅在人才入职初期进行，在职业生涯中也需要不断进行，以使人才适应社会发展和组织变革。社会组织人才教育培训强调学员之间的互动和交流，通过分享实践经验、团队合作等方式，提高人才的沟通能力和协作精神。

（五）多元化

通过案例分析、角色扮演、小组讨论等方式，培养积极的服务态度、同理心、包容性思维、解决问题的积极心态等。邀请行业内外的专家、学者进行专题讲座，为社会组织人才提供更广阔的视野和前沿知识。借助社交学习平台，鼓励学员之间、学员与专家之间的交流与协作，形成学习共同体，促进知识共创与经验分享。形成有效的学习小组，增强学习动力和社群归属感。

二、AI 时代社会组织人才教育培训的路径

在 AI 时代，社会组织人才教育培训面临着新的机遇和挑战。教育培训内容需要与时俱进，不仅涵盖传统的法人管理、项目管理、公益传播等方面，还需要特别关注与 AI 技术相关的知识和技能。

（一）个性化学习路径

AI 时代需要具有创新思维和跨界合作能力的社会组织从业人员，能够跨领域、跨行业进行合作，共同推动社会发展和进步。利用 AI 技术对能力水平、兴趣偏好、职业发展目标进行分析，为每个人制定个性化的学习路径和课程推荐，确保培训内容与个人需求高度匹配，提高学习效率和满意度。

培训中应鼓励学员开展创新思维训练，提升跨界合作能力。如 AI 驱动的智能助教提供即时答疑、学习进度追踪、难点解析等服务，增强学员学习过程中的即时反馈和支持。

（二）虚拟实训与模拟情境

利用虚拟现实（VR）、增强现实（AR）等技术，创建逼真的社会服务场景，让社会组织从业人员在虚拟环境中完成角色扮演、开展舆情危机应对、进行公益传播等的实战演练，提升实操技能和应对复杂情况的能力。

在培训形式上，可以利用 AI 技术进行线上线下的融合教学，

提供更为灵活和高效的学习方式。利用大数据分析工具实时评估培训效果，为教学方法、课程内容的调整提供依据。

（三）社交化学习与知识共享

在AI时代，社会组织人才教育培训需要关注对AI技术及相关领域知识和技能的培养，同时注重对伦理法律素养、创新思维和跨界合作能力的培养，以适应新时代的需求和挑战。

注重理论知识在实际工作中的应用，通过案例分析、角色扮演、实地实习、项目策划与实施等实践性教学方法，提升社会组织从业人员的实务操作能力和问题解决能力。

扩 展 阅 读

湖北省民政厅举办社区社会组织能力提升示范培训班

2023年8月29日，湖北省2023年度第二期社区社会组织能力提升示范培训班在武汉市开班。此前的8月14日至17日，第一期培训班在枝江市举行。两期培训有270多人参加，分别为来自全省各地的社区社会组织负责人、骨干人才、入驻社会组织孵化基地的社会组织负责人和业务工作人员。

培训围绕党建引领推动社区社会组织高质量发展、社区社会组织孵化流程和管理、社区社会组织筹资与管理、社区社会组织品牌建设、社区社会组织助力"共同缔造"、社区社会组织公益创投、社区社会组织助力"乡村振兴"等方面进行，邀请多名省内外知名专家学者、行业领域资深践行者进行专题授课和经验交流分享。培训班还开展了现场教学，组织学员考察社区社会组织示范点，将培训所学与实践调研有机结合，引导全省社区社会组织进一步开阔视野、拓展思路、提升能力。

节选自：李光正，程雄杰.湖北省民政厅举办社区社会组织能力提升示范培训班．（2023-08-30）[2024-12-05].https://news.hubeidaily.net/mobile/c_1759833.html.

第二节 社会组织薪酬激励

课程导入

@高层次社工人才，昆山市出台"硬核"激励政策

为进一步加强高层次社会工作人才队伍建设，近日，昆山市政府印发《昆山高层次社会工作人才计划实施细则（试行）》，对原高层次社会工作人才计划进行了修订。修订后高层次社会工作人才计划分为引进和培养两大类。引进类高层次社会工作人才分为A、B、C三类，须为近两年内从苏州市范围以外引进。培养类高层次社会工作人才分为A、B、C三类，须在昆山社会工作服务机构中全职工作达到相应期限。对引进类高层次社会工作人才，按A类120万元、B类80万元、C类50万元标准给予安家补贴。对培养类高层次社会工作人才，按A类6 000元/月、B类3 000元/月、C类2 000元/月标准给予生活津贴，为期3年。

支持组建高层次社会工作人才工作室，并根据实际情况进行资助，对于引进类高层次社会工作人才工作室每年资助金额最高不超过30万元，对于培养类高层次社会工作人才工作室每年资助金额最高不超过20万元，最长资助3年。引进类高层次社会工作人才可按照有关规定享受相应的昆山市高层次人才"一站式"服务。在培育扶持方面，聚焦专业资历、服务年限等与专业实务能力密切相关的条件，精准选育优秀本土人才，持续扩大高层次社会工作人才有效供给。

节选自：王敏.@高层次社工人才，昆山市出台"硬核"激励政策.（2023-07-27）[2024-12-05]. https://news.jstv.com/a/20230727/12ff95e41df64094a4e7a7945dceecb9.shtml.

一、社会组织薪酬管理的基本原则

加强和改进社会组织薪酬管理，要坚持以下原则：坚持注重效率与维护公平相协调，使社会组织从业人员既有平等参与机会又能充分发挥自身潜力，不断激发社会组织活力；坚持激励与约束相统一，按照社会组织从业人员承担的责任和履职的差异，做到薪酬水平同责任、风险和贡献相适应；坚持薪酬制度改革与相关改革配套进行，建立健全社会组织从业人员薪酬水平正常增长机制；坚持物质激励与精神激励相结合，提倡奉献精神，充分调动社会组织从业人员的积极性、主动性和创造性。

二、社会组织薪酬管理的主要内容

社会组织对内部薪酬分配享有自主权，其从业人员主要实行岗位绩效工资制，薪酬一般由基础工资、绩效工资、津贴和补贴等部分构成。

基础工资是从业人员年度或月度的基本收入，主要根据社会组织自身发展情况、所从事的业务领域和所在地区经济发展水平等因素综合确定。

绩效工资应与个人业绩紧密挂钩，科学评价不同岗位从业人员的贡献，合理拉开收入分配差距，切实做到收入能增能减和奖惩分明。

津贴和补贴是社会组织为了补偿从业人员额外的劳动消耗和出于其他特殊原因而支付的辅助工资，以及为了保证从业人员工资水平不受物价影响支付的生活补助费用。

基础工资、绩效工资、津贴和补贴应列入社会组织管理成本，其中绩效工资根据考核结果及社会组织自身发展情况，可按月度、季度、半年分期兑现或年底集中兑现。薪酬应当以法定货币支付，不得以实物及有价证券替代货币支付。鼓励支付方式电子化。

从业人员依法享受年休假、探亲假、婚假及丧假，其间社会组织应按劳动合同规定的标准支付薪酬。

社会组织应建立薪酬管理制度，并将其纳入会员代表大会或理事会决策事项，一经确定，应由社会组织在适当范围内予以公布，接受民主监督。应根据薪酬管理制度编制工资总额预算，并严格按工资总额预算执行，不得超提、超发薪酬。社会组织应建立工资台账，支付工资时应提供工资清单。工资台账须至少保存两年。

退（离）休领导干部在社会组织兼职期间，其薪酬问题按照《中共中央组织部关于规范退（离）休领导干部在社会团体兼职问题的通知》规定执行。

三、建立社会组织薪酬正常增长机制

社会组织应根据所处业务领域的整体薪酬水平，参考住所地人力资源社会保障部门发布的工资指导价位和工资指导线，以及行业薪酬调查报告发布的劳动力市场指导价位，就工资收入水平和调整幅度等事项，与从业人员进行平等协商，并在协商一致的基础上签订工资协议，确保从业人员薪酬水平与经济发展水平相协调、与劳动生产率提高相适应。

四、完善社保公积金缴存机制

从业人员的社会保险和住房公积金按照国家有关法律法规执行，有条件的社会组织可建立企业年金及其他补充保险。社会保险和住房公积金应由个人承担的部分，由用人单位代扣代缴；应由用人单位承担的部分，应及时申报缴纳。社会保险和住房公积金缴费基数按有关法律法规执行。

五、其他社会组织人才激励措施

社会组织人才激励措施还包括以下方式：组织文化活动，如定期举办团队建设活动、庆祝仪式、志愿者活动等，增强组织凝聚力。设立年度优秀员工、项目成就奖、服务年限纪念奖等奖项，公开表彰优秀表现。定期举行员工大会，以内部通信等方式公开表扬员工贡献，提供及时、具体的工作反馈。鼓励员工参与组织决策过程，如项目策划、政策制定等，提升工作参与感。关注员工的个人兴趣、特长、职业发展目标，提供定制化的激励方案。设立员工援助计划，为面临生活困难的员工提供经济、心理等方面的援助。

思 考 题

1. 社会组织人才岗位一般有哪些？
2. AI 时代下社会组织人才教育培训的路径有哪些？
3. 社会组织薪酬管理的主要内容是什么？

模拟情景练习

AI 的发展为新媒体传播赋能，社会组织利用其进行公益传播的能力还十分欠缺，对各种平台及科技手段的运用还存在不足。如果你是某行业协会的工作人员，将如何开展与新媒体传播相关的培训工作及课程选择？

参考文献

1. 《关于改革社会组织管理制度促进社会组织健康有序发展的意

见》(2016年8月21日中办、国办印发)

2.《中华人民共和国慈善法》(2016年3月16日第十二届全国人民代表大会第四次会议通过;根据2023年12月29日第十四届全国人民代表大会常务委员会第七次会议《关于修改〈中华人民共和国慈善法〉的决定》修正)

3.《中华人民共和国民法典》(2020年5月28日第十三届全国人民代表大会第三次会议通过)

4.《关于大力培育发展社区社会组织的意见》(2017年12月27日民政部印发)

第六章 社会组织监督管理

学习目标

1. 学习和了解社会组织登记管理的相关内容
2. 学习和了解社会组织的信用信息管理和年度检查工作
3. 理解和掌握社会组织评估管理的相关内容

第一节 社会组织登记管理

课程导入

宁夏出台《社会组织负责人审核办法（试行）》

为进一步加强社会组织负责人管理，促进社会组织领域党风廉政和规范化建设，加强社会组织"关键少数"政治把关，推动社会组织健康有序发展，宁夏回族自治区民政厅近日联合自治区宁夏非公经济组织和社会组织工委，制定印发了《宁夏回族自治区社会组织负责人审核办法（试行）》（简称《办法》）。

《办法》共18条，主要内容如下：一是明确社会组织负责人审核的基本原则，包括试用范围、审核对象和责任单位等内容；二是规定社会组织负责人人选审核基本条件和程序，突出社会组织负责人人选审核的政治要求；三是规范社会组织负责人人选的审核材料，要求社会组织落实负责人声明承诺和公示制度。

《办法》提出将党建工作机构纳入社会组织负责人审核的责任单位，明确提出有业务主管单位的社会组织，由业务主管单位前置审核，无业务主管单位的社会组织，由所属党建工作机构前置审核，社会组织负责人前置审核后报登记管理机关复审备案。

节选自：王继伟，王佳宁. 宁夏出台《社会组织负责人审核办法（试行）》. 中国社会组织，2024（2）.

社会组织根据《中华人民共和国民法典》《中华人民共和国慈善法》《社会团体登记管理条例》《民办非企业单位登记管理暂行条例》《基金会管理条例》及相关法律法规在登记管理机关开展登记工作。

一、成立登记

社会组织名称应当符合国家法律法规和政策的规定。申请社会组织成立、变更、注销登记及事项备案，由社会组织发起人、法定代表人向登记管理机关申请登记、备案。社会组织发起人、法定代表人应当对社会组织申请材料的合法性、真实性、有效性、完整性负责。

（一）申请成立社会组织，应当符合下列条件

（1）属于社会团体的，应当有50个以上的个人会员或者30个以上的单位会员；个人会员、单位会员混合组成的，总数不得少

于 50 个，会员应当具有地域分布的广泛性、代表性。属于社会服务机构的，理事会成员为 3～25 人；属于基金会的，理事会成员为 5～25 人。

（2）有规范的名称、章程和相应的组织机构。

（3）有与其业务活动相适应的专职工作人员和固定的住所。

（4）有合法的资产和经费来源。

（5）有独立承担民事责任的能力。

（6）法律法规对社会组织的登记注册条件另有规定的，从其规定。

（二）申请社会组织登记、备案的，按照下列程序办理

（1）除直接登记的社会组织外，发起人或申报者向所在地业务主管单位提出成立社会组织的书面申请，经业务主管单位审查同意的，出具同意成立的批准文件；

（2）发起人或者申报者向所在地登记管理机关提交社会组织登记书面申请，并按照规定提交相关材料；登记管理机关对申请材料进行审查，对符合规定的应当予以受理并开具社会组织名称核准表；对申请登记事项不符合法定条件或者材料不齐全的，应当予以一次性告知；

（3）发起人或者申报者凭所在地登记管理机关同意拟成立社会组织名称核准表开展筹备工作，社会组织应当于 6 个月内完成筹备工作，筹备期间不得开展筹备工作以外的活动；

（4）对符合登记条件的，登记管理机关应当自收到全部有效文件之日起 60 日内做出是否批准登记的决定，批准登记的，应当发给社会组织登记证书。

（三）申请登记社会组织，发起人、发起单位应当向登记管理机关提交下列材料

（1）登记申请书；

（2）业务主管单位批复文件；

（3）住所使用证明、验资报告；

（4）发起人资质证明材料；

（5）章程草案；

（6）社会团体、基金会、社会服务机构成立申请表；

（7）社会团体召开会员大会或会员代表大会的会议有关材料及会员、拟任理事、负责人、监事花名册；

（8）负责人非失信被执行人证明；

（9）非营利民办学校登记时需要前置审批的，发起人根据成立的类别需相应提供教育、人力资源和社会保障等有关部门核发的办学许可证，不再提供业务主管单位批复文件；

（10）非营利医疗机构登记时需要前置审批的，发起人根据成立的类别需要相应提供《医疗机构执业许可证》；

（11）建立党的组织承诺书；

（12）其他需要提供的材料；

（13）社会组织的章程，不得违反法律法规并按照民政部门印发章程示范文本制定。

（四）社会组织有下列情形之一的，不予批准登记或备案

（1）在同一行政区域内已有业务范围相同或者相似的社会团体，没有必要成立的；

（2）申请成立的社会组织宗旨、业务范围不符合法律、法规和规章规定的；

（3）申请人曾经受到剥夺政治权利的刑事处罚，或不具有完全民事行为能力，或申请人为失信被执行人的；

（4）在申请登记或者备案登记时弄虚作假的；

（5）经征求意见、听证或者评估，认为没有必要成立的；

（6）有法律、法规禁止的其他情形的。

社会组织应当凭法人登记证书申请刻制印章，开立银行账户，并将印章式样、银行账号报送登记管理机关备案。

二、变更登记、注销登记

社会组织的登记事项需要变更的，应当自决议变更之日起30日内，按照登记或者备案登记程序，向登记管理机关申请变更登记或备案，社会组织申请变更登记的事项属于法律、法规规定需经有关部门或者法定授权的组织前置行政审批的，应当经有关部门或者法定授权的组织审批同意后方能申请变更登记或备案。

社会组织有下列情形之一的，应当向登记管理机关申请注销登记：

（1）完成社会组织章程规定的宗旨，或者章程规定的解散事由出现的；

（2）自行解散的；

（3）分立、合并的；

（4）法律、法规和规章规定应当注销登记的；

（5）出于其他原因终止的。

扩展阅读

多元联动精细管理 优化社会组织监管效能

四川省成都市成华区民政局近年来通过盘活有效运营社会组织，清理整治"僵尸型"社会组织，推动全区社会组织从数量发展型向质量发展型积极转变，努力探索符合成华区实际的社会组织监督管理模式。目前，成华区登记成立社会组织516家，备案社区社会组织近千家，社会组织从业人员6 600余人。

成华区民政局加强组织领导，积极完善与业务主管单位（行业主管部门）的沟通协调机制，与业务主管单位就社会组织日常监管划定各自职责范围，提升执法主动性，区级相关部门协同配合的工作格局日渐形成。

为保证全区开展社会组织全面摸底排查工作精细有效，确保底数清、情况明，区民政局成立"科室工作人员＋党建指导员＋社工"走访工作组，指导督促全区社会组织做好巡查接待准备工作，进一步强化分类指导、优化资源配置、合理调度力量，确保走访巡查任务落地见效。

节选自：四川省成都市成华区民政局，成都公益组织服务园.多元联动精细管理 优化社会组织监管效能.中国社会组织，2024（5）.

第二节 社会组织过程管理

课程导入

北京出台社会组织信用监管办法

日前，北京市民政局、市经济和信息化局联合印发《北京市社会组织信用监管办法（试行）》（简称《办法》），推动建立健全以信用为基础的社会组织新型监管机制。《办法》于2024年1月1日起实施。

《办法》共有7章32条，突出事前、事中、事后全过程监管，强调提升监管效能，在评价方式方面，社会组织监管部门通过信用积分的方式对社会组织开展公共信用评价。在评价指标方面，通过加分项和减分项，从党组织建设、诚信建设、内部治理、规范运营、评估等级、社会评价等多个维度引导社会组织积极开展正面信用行为。在管理模式方面，采用动态管理模式，根据社会组织信用行为，对其信用积分、信用等级进行实时调整。在评价结果应用方面，社会组织管理部门根据不同的信用等级，对社会组织在监管和扶持发展方面采取不同方式。在扶持发展方面，对信用等级优良的社会组织，在其他条件相同的情况下，按照规范流程，优先承接政府授权和委托事项、优先获得政府购买社会组织服务项目、优先推荐获得相关表彰和奖励。

节选自：安娜.北京出台社会组织信用监管办法.中国社会报，2023-12-29.

社会组织实行分级管理制度，由批准注册登记或者备案登记的民政部门会同同级业务主管单位和行业管理部门对其核准登记的社会组织进行日常监督管理。

一、监管部门职责

（一）登记管理机关

国务院民政部门和县级以上地方各级人民政府民政部门是本级人民政府的社会组织登记管理机关。社会组织在向民政部门申请登记后，方能开展活动。

登记管理机关履行下列监督管理职责：

（1）对社会组织执行社会组织登记管理法律法规的情况进行监督检查；

（2）对社会组织违反登记管理法律法规的行为进行查处，协助有关部门对社会组织违反其他领域法律法规的行为进行查处；

（3）依法依规开展社会组织年度检查（年度报告）、抽查审计等工作，向业务主管单位、行业管理部门等推送有关情况；

（4）依法查处和取缔非法社会组织；

（5）建立并落实社会组织信用管理制度，会同业务主管单位、行业管理部门等健全社会组织信用记录；

（6）负责社会组织监督管理信息化建设；

（7）法律法规规定的其他职责。

（二）业务主管单位

国务院有关部门和县级以上地方各级人民政府有关部门、国务院或者县级以上地方各级人民政府授权的组织，是有关行业、学科或者业务范围内社会组织的业务主管单位。

业务主管单位对其主管的社会组织履行下列监督管理职责：

（1）负责社会组织思想政治和党的建设工作；

（2）指导、监督社会组织依据法律法规、国家政策和章程开展各项活动；

（3）根据本单位职能依法查处社会组织违反本领域法律法规的行为，协助登记管理机关查处社会组织违反登记管理法律法规的行为和非法社会组织；

（4）负责社会组织年度检查（年度报告）的初审；

（5）指导社会组织制定落实内部资产财务管理制度，每年组织专项监督抽查，督促指导内部管理混乱的社会组织进行整改；

（6）对社会组织举办重大会议、开展重要活动、开展研讨、对外交往、接受境外捐赠资助等事项进行指导和监督；

（7）对社会组织依法依规承接本单位职能或购买服务的情况进行指导和监督；

（8）法律法规规定的其他职责。

（三）行业管理部门

行业管理部门对同级无业务主管单位，业务范围与本部门职责相关的社会组织，履行下列监督管理职责：

（1）将社会组织纳入行业管理，对社会组织开展涉及本部门职能的活动进行政策业务指导和行业监管，回应有关咨询或质询；

（2）根据本部门职能依法查处社会组织违反本行业法律法规的行为，协助登记管理机关查处社会组织违反登记管理法律法规的行为和非法社会组织；

（3）对社会组织依法依规承接本部门职能或购买服务的情况进行指导和监督；

（4）法律法规规定的其他职责。

二、信用信息管理

国务院民政部门和县级以上地方各级人民政府民政部门负责在本机关登记的社会组织的信用信息管理工作。社会组织信用信息包括基础信息、年报信息、行政检查信息、行政处罚信息和其他信息。

（一）登记管理机关应当将有下列情形之一的社会组织列入活动异常名录

（1）未按照规定时限和要求向登记管理机关报送年度报告的；

（2）未按照有关规定设立党组织的；

（3）登记管理机关在抽查和其他监督检查中发现问题，发放整改文书要求限期整改，社会组织未按期完成整改的；

（4）具有公开募捐资格的慈善组织，不符合《慈善组织公开募捐管理办法》第五条规定条件的；

（5）受到警告或者不满5万元罚款处罚的；

（6）通过登记的住所无法与社会组织取得联系的；

（7）法律、行政法规规定应当列入的其他情形。

（二）对信用良好的社会组织，登记管理机关可以采取或者建议有关部门依法采取下列激励措施

（1）优先承接政府授权和委托事项；

（2）优先获得政府购买社会组织服务项目；

（3）优先获得资金资助和政策扶持；

（4）优先推荐获得相关表彰和奖励等；

（5）实施已签署联合激励备忘录中各项激励措施。

（三）对被列入严重违法失信名单的社会组织，登记管理机关可以采取或者建议有关部门依法采取下列惩戒措施

（1）列入重点监督管理对象；

（2）不给予资金资助；

（3）不向该社会组织购买服务；

（4）不授予相关荣誉称号；

（5）作为取消或者降低社会组织评估等级的重要参考；

（6）实施已签署联合惩戒备忘录中各项惩戒措施。

三、年度检查工作

社会组织年度检查（简称"年检"），是指登记管理机关依法依规按年度对本级登记的社会组织遵守登记管理法律法规、政策等情况进行检查的制度。各级登记管理机关负责其登记的社会组织的年度检查工作。上级登记管理机关依法指导下级登记管理机关开展年度检查工作。

社会组织应当依法履行年度检查义务。社会组织及其法定代表人对年度检查相关信息及资料的合法性、真实性、完整性、准确性、及时性负责。

社会组织年检的主要内容：

（1）遵守社会组织登记管理有关法律法规和国家政策情况；

(2)党的组织建设和党的工作开展情况；

(3)登记事项变更和履行变更登记手续情况；

(4)章程修改和履行核准手续情况；

(5)到期换届、负责人变动和履行备案手续情况；

(6)法定代表人、负责人、工作人员等人员情况；

(7)机构设置情况；

(8)财务状况、资金来源和使用情况；

(9)按照章程开展业务活动的情况；

(10)上年度接受监督检查情况；

(11)其他按照规定需要接受检查的情况。

社会组织年检结论，分为"合格""基本合格"和"不合格"三种。

> ## 扩 展 阅 读
>
> ### 海南民政强化社会组织综合监督管理
>
> 　　为规范社会组织监督管理，海南省民政厅日前印发《海南省社会组织综合监督管理办法（试行）》，自2024年1月1日起施行，有效期3年。
>
> 　　登记管理机关、业务主管单位、行业管理部门依法依规履行对社会组织的监督管理职责，协同强化对社会组织以下违法违规行为的监管。一是强制或变相强制市场主体入会并收取会费，利用法定职责和行政机关委托、授权事项违法违规收费，通过评比达标表彰活动、职业资格认定等违规收费的行为。二是违规使用、分配社会组织财产，违反财务收支规定，违背社会公益宗旨等违反非营利性规定的行为。三是参与成立或加入非法社会组织，与非法社会组织勾连开展活动或为其活动提供账户使用、虚假宣传等便利，接收非法社会组织作为分支或下

属机构的行为。四是违规与境外非政府组织开展合作，利用境外捐款或者参与、资助从事危害国家安全和社会稳定的活动等行为。五是非法放贷、集资，涉嫌洗钱，在新闻媒体发表各类违法违规言论，印制非法出版物等行为。六是违规使用票据，偷逃税款的行为。

节选自：肖海军. 海南民政强化社会组织综合监督管理. 中国社会报，2023-11-23.

第二节 社会组织评估管理

课程导入

以等级评估为抓手 推动社会组织高质量发展

近年来，黑龙江省民政厅深入开展社会组织等级评估工作，将等级评估工作与社会组织促进经济社会发展大局和支持民政工作全局有机融合，推动参评社会组织以评估促党建、以评估谋发展、以评估强自身、以评估担重任，重点发掘一批具备释放全省经济活力、支持民政事业高质量发展的社会组织。

为进一步巩固拓展脱贫攻坚成果同乡村振兴有效衔接，在全面推进乡村振兴中展现民政作为，省民政厅通过等级评估工作，积极动员引导社会组织投身乡村振兴事业，推动构建社会组织、会员企业广泛参与结对帮扶合作体系，发动会员单位开展本领域本行业特色重点帮扶项目，助力乡村引企业、优产业、旺就业、兴创业；重视农村专业经济协会的培育发展，发挥其会员制管理、专业化生产、一体化经营的优势，畅通科技推广、技术服务、信息提供、农产品产供销渠道，提升助农惠农水平。

节选自：谷朕宇，杨琳.以等级评估为抓手 推动社会组织高质量发展.中国社会组织，2024（2）.

社会组织评估，是指各级人民政府民政部门为依法实施社会组织监督管理职责，促进社会组织健康发展，依照规范的方法和程序，由评估机构根据评估标准，对社会组织进行客观、全面的评估，并做出评估等级结论。

社会组织评估工作应当坚持分级管理、分类评定、客观公正的原则，实行政府指导、社会参与、独立运作的工作机制。各级人民政府民政部门按照登记管理权限，负责本级社会组织评估工作的领导，并对下一级人民政府民政部门社会组织评估工作进行指导。

一、评估对象和内容

（一）申请参加评估的社会组织应当符合下列条件之一

（1）取得社会团体、基金会或者社会服务机构登记证书满两个年度，未参加过社会组织评估的；

（2）获得的评估等级满 5 年有效期的。

（二）社会组织有下列情形之一的，评估机构不予评估

（1）未参加上年度年度检查；

（2）上年度年度检查不合格或者连续 2 年基本合格；

（3）上年度受到有关政府部门行政处罚或者行政处罚尚未执行完毕；

（4）正在被有关政府部门或者司法机关立案调查；
（5）其他不符合评估条件的。

（三）对社会组织的评估，按照组织类型的不同，实行分类评估

社会团体、基金会实行综合评估，评估内容包括基础条件、内部治理、工作绩效和社会评价。社会服务机构实行规范化建设评估，评估内容包括基础条件、内部治理、业务活动和诚信建设、社会评价。

二、评估机构和职责

各级人民政府民政部门设立相应的社会组织评估委员会（简称"评估委员会"）和社会组织评估复核委员会（简称"复核委员会"），并负责对本级评估委员会和复核委员会的组织协调和监督管理。

评估委员会负责社会组织评估工作，负责制定评估实施方案、组建评估专家组、组织实施评估工作、做出评估等级结论并公示结果。

复核委员会负责社会组织评估的复核和对举报的裁定工作。

评估委员会由7至25名委员组成，设主任1名、副主任若干名。复核委员会由5至9名委员组成，设主任1名、副主任1名。评估委员会和复核委员会委员由有关政府部门、研究机构、社会组织、会计师事务所、律师事务所等单位推荐，民政部门聘任。评估委员会和复核委员会委员聘任期为5年。

评估专家组由有关政府部门、研究机构、社会组织、会计师事务所、律师事务所等中的有关专业人员组成。

三、评估程序和方法

社会组织评估工作依照下列程序进行：
（1）发布评估通知或者公告；
（2）审核社会组织参加评估的资格；
（3）组织实地考察和提出初步评估意见；
（4）审核初步评估意见并确定评估等级；
（5）公示评估结果并向社会组织送达通知书；
（6）受理复核申请和举报；
（7）民政部门确认社会组织评估等级、发布公告，并向获得3A以上评估等级的社会组织颁发证书和牌匾。

四、评估等级管理

社会组织评估结果分为5个等级，由高至低依次为5A级（AAAAA）、4A级（AAAA）、3A级（AAA）、2A级（AA）、1A级（A）。

获得评估等级的社会组织在开展对外活动和宣传时，可以将评估等级证书作为信誉证明出示。评估等级牌匾应当悬挂在服务场所或者办公场所的明显位置，自觉接受社会监督。社会组织评估等级有效期为5年。

获得3A以上评估等级的社会组织，可以优先接受政府职能转移，可以优先获得政府购买服务，可以优先获得政府奖励。

获得3A以上评估等级的基金会、慈善组织等公益性社会团体可以按照规定申请公益性捐赠税前扣除资格。

获得4A以上评估等级的社会组织在年度检查时，可以简化年度检查程序。

评估等级有效期满前2年，社会组织可以申请重新评估。

符合参加评估条件未申请参加评估或者评估等级有效期满后未

再申请参加评估的社会组织，视为无评估等级。

获得评估等级的社会组织有下列情形之一的，由民政部门做出降低评估等级的处理，情节严重的，做出取消评估等级的处理：

（1）评估中提供虚假情况和资料，或者与评估人员串通作弊，致使评估情况失实的；

（2）涂改、伪造、出租、出借评估等级证书，或者伪造、出租、出借评估等级牌匾的；

（3）连续2年年度检查基本合格的；

（4）上年度年度检查不合格或者上年度未参加年度检查的；

（5）受相关政府部门警告、罚款、没收非法所得、限期停止活动等行政处罚的；

（6）其他违反法律法规规定情形的。

被降低评估等级的社会组织在2年内不得提出评估申请，被取消评估等级的社会组织在3年内不得提出评估申请。

民政部门应当以书面形式将降低或者取消评估等级的决定，通知被处理的社会组织及其业务主管单位和行业管理部门，并向社会公告。

扩 展 阅 读

山东评估省管社会组织 结果作为奖补资助等重要参考

山东省启动了2023年度省管社会组织评估工作，评估等级由高至低依次为5A级、4A级、3A级、2A级、1A级。山东明确把评估结果作为对社会组织进行奖补资助、政府职能转移、政府购买服务的重要参考，鼓励3A级以上社会组织享受优惠政策。

社会组织有下列情形的不予评估：未按照规定时限和要求报送2022年度工作报告的；2022年受到有关政府部门行政处

罚或行政处罚尚未执行完毕的；正在被有关政府部门或司法机关立案调查或被列入严重违法失信名单的；其他不符合评估条件的。

节选自：齐静. 山东启动省管社会组织评估工作. 大众日报，2023-08-18.

思考题

1. 社会组织登记管理的相关内容是什么？
2. 社会组织信用信息管理的内容是什么？
3. 社会组织评估管理的主要内容有哪些？

模拟情景练习

随着大数据、云计算、AI等技术的迅猛发展，技术的进步也为我们带来了数据安全、隐私侵犯、算法偏见等挑战。在此背景下，请思考如何设计并实施一套既能充分利用科技优势，又能有效防范潜在风险的社会组织监管体系？

参考文献

1.《中华人民共和国慈善法》（2016年3月16日第十二届全国人民代表大会第四次会议通过；根据2023年12月29日第十四届全国人民代表大会常务委员会第七次会议《关于修改〈中华人民共和国慈善法〉的决定》修正）

2.《中华人民共和国民法典》（2020年5月28日第十三届全国人民代表大会第三次会议通过）

3. 《社会团体登记管理条例》(1998年10月25日中华人民共和国国务院令第250号公布;根据2016年2月6日国务院令第666号《国务院关于修改部分行政法规的决定》修订)

4. 《民办非企业单位登记管理暂行条例》(1998年10月25日中华人民共和国国务院令第251号公布)

5. 《基金会管理条例》(2004年3月8日中华人民共和国国务院令第400号公布)

6. 《社会组织评估管理办法》(2010年12月27日中华人民共和国民政部令第39号公布)

7. 《社会组织抽查暂行办法》(2017年3月13日民政部印发)

第七章
公益传播

学习目标

1. 了解公益、慈善和公益传播的含义
2. 学习我国公益传播的发展历程
3. 学习新媒体公益传播相关内容

第一节 公益传播概述

课程导入

"短视频+直播"拓宽公益空间

短视频和直播这些数字化新业态的出现，除了让数字经济助推传统产业转型升级外，还重构了公益空间。相比传统公益，短视频和直播的传播形式具有可见、共情、高效等特点，拓宽了爱心的唤起方式和表达渠道。积极践行社会责任也成为短视频平台发展的必答题。短视频平台持续发挥自身优势的同时，在公益慈善、带动就业、乡村全面振兴、赋能中小商家、关爱青少年残障人士、行业创新等领域也纷纷展开普惠行动。

在短视频平台发展初期，因为不断降低汲取知识、创造知识、分享知识的门槛，许多人经由短视频看到了更广阔的世界。随着"短视频+直播"进入常态化，大家发现，短视频平台不仅能"知识普惠"，而且它的能力半径更大，可以消弭物理距离，内容的生产成本也更低，为搭建普惠公益生态提供了良好的土壤。

消弭了数字化鸿沟后，最能体现短视频公益特色的是"技术普惠"。2023年，快手知识类直播达3 600万场，观看"三农"内容直播的人次超过1 165亿，快聘业务协助3亿人次在快手找工作。不难看出，短视频平台正逐步成为乡村振兴生产的"新农具"、弱势群体自立自强的"新工具"。

"授人以渔"是普惠公益的正确道路。现在短视频平台做公益，正在从"输血型"向"造血型"转变。业内人士认为，随着更多合作伙伴加入，短视频和直播作为这个时代最受欢迎的内容载体之一，能够给公益注入更多活力。

节选自：周其华．"短视频+直播"拓宽公益空间．人民日报海外版，2024-01-26.

一、公益传播的产生与发展

（一）公益、慈善和公益传播的含义

"公益"来源于希腊文，在英文中被译为"philanthropy"，意为对人的爱或博爱。"传播"在英文中为"communication"，是交流、联系、通道的意思。国内学者将公益传播的英文翻译为"philanthropy communication"。

"公益"和"慈善"经常被相提并论，两个词在诞生之初是有区别的，"公益"更多的是指整体的、普遍的社会公众的利益，也包括一些弱势群体的利益；"慈善"包含了慈心和善举两个方面的含义。笔者认为，慈善和公益在现今已经没有了本质区别，慈善是几千年来的优良传统，公益是一个现代意义上的概念，两者是紧密联系、相互包含的关系。随着媒介技术的发展，我国逐渐探索出了一条适合中国特色的社会主义公益传播实践路径。

全媒体时代下的公益传播是以促进社会公众利益为核心，借助AI、互联网、社交媒体、移动通信等新兴信息技术平台，以图文、音频、视频、直播等多种形式，向广大公众传播公益理念和公益项目、普及公益知识、倡导公益行动的行为，旨在动员更多人关注并参与到社会公益事业中，共同解决社会问题，提升公众福祉和文明程度。

公益传播立足于与公益有关的传播活动，其主体涵盖了政府机构、社会组织、企业个人等。公益传播概念应随着媒介技术的发展而不断演进，不断完善。

（二）公益传播发展历程

我国公益传播的发展经历了三个重要阶段。

改革开放初期以传统媒体为主的公益传播 1.0 阶段。1989 年由中国青少年发展基金会发起的"希望工程"，是中国第一个救助贫困地区失学少年的专项基金。一张题为《我要读书》的照片发表后，触动了无数读者的心。这张照片成为中国希望工程的宣传符号，被国内各大媒体转载。希望工程改变了以"大眼睛姑娘"苏明娟为代表的濒临辍学的农村贫困儿童的命运，苏明娟也成为希望工程的形象代表。希望工程因公益传播的赋能而成为中国最有影响力的公益品牌，从国家领导人到普通群众，纷纷给希望工程捐款。

1990年9月5日，邓小平同志为希望工程题名，先后两次以"一位老共产党员"的名义向希望工程捐款。希望工程发展至今依然续写着公益传播的故事。

2000—2015年互联网迅猛发展的公益传播2.0阶段。公益传播在构建和谐社会的过程中，达到了空前的繁荣。在2008年北京奥运会、"5·12"汶川地震、2008年中国雪灾等重大事件中，我们看到了公益传播所发挥的重要作用。2014年中国移动互联网进入全民时代，2015年9月9日是中国首个互联网公益日，"99公益日"是由腾讯公益基金会联合数百家公益组织、知名企业、明星名人、顶级创意传播机构共同发起的一年一度的全民公益活动。

2015年至今是全媒体公益传播3.0时代。以微博、微信、短视频平台为代表的新兴媒体不断创新助力公益传播，使我国公益事业也进入"全民公益"的时代。"冰桶挑战""蚂蚁森林""免费午餐"等现象级公益事件不断地刷新人们对公益的认知，同时也在不断激发人们参与公益的热情。

二、全媒体时代的公益传播

公益传播是谋求公共利益的非营利传播活动，传播内容与渠道和媒体形态息息相关。本节所说的全媒体包含传统媒体和新媒体。传统媒体是指报刊、户外广告、广播、电视四大传统意义上的媒体。传统媒体具有权威性高、覆盖面广的特性，至今仍然是公益传播的重要基础之一。新媒体是指基于互联网和智能移动终端通信技术等开发的微博、微信、短视频、广播等平台。新媒体因其低成本、开放性、传播快、交互性、沉浸式、体验感强，成为现今公益传播的主要渠道。

全媒体具有全程媒体、全息媒体、全员媒体、全效媒体的特性。全媒体对公益活动的参与不仅限于报道宣传，还有主动策划和介入，通过参与来推动公益事业的发展，从单纯的报道者向组织者、监督者等多重身份转变，极大地激发公众的参与热情，进一步扩大影响范围。

全媒体公益传播是一种新型传播机制，媒体融合实现了"所有人对所有人的传播"，公益传播的受众得到扩展，使公益活动的宣传范围更广，互动性和及时性更强，传播成本更低。全媒体公益传播的形式和内容呈现出个性化，人人都可以利用各种新媒体渠道和手段来参与公益传播活动，是"人人公益，全员传播"的体现。全媒体公益传播具有以下特点。

（一）交互性

移动互联网双向交互性的特点，让人人都可以利用移动终端进行对公益活动的传播，在接收到公益活动反馈信息的同时，同步根据反馈信息发起新一轮主动式再传播。智能手机的高度普及，使得有公益理念、想要表达的公众，都能在社交平台上发布用户自制内容，通过社交分享和社群扩散获得更多关注。信息的传播者、接收者可以是同一方，因此，全媒体公益传播具有很强的交互性。

（二）广泛性

随着移动互联网和智能通信特别是 AI 技术的高速发展，公益传播覆盖的范围大大扩展。比起传统媒体的公益传播，新媒体时代公益传播的范围更广、影响力更大、传播成本更低。全媒体还能让"公益人"成为新型的公益传播主体。双向沟通、即时参与及互动性使全媒体公益传播具有广泛性。

（三）多样性

全媒体公益传播具有多样性特点，一方面表现为视频、动画、短信等多种表现形式在公益广告中得到运用；另一方面，传播渠道也在不断扩展，微博、微信、短视频等渠道被运用到公益组织和公益活动的传播中。全媒体传播矩阵让公益活动更加多元化，传播效果大大提高。公益活动通过多种形式传播，更加具有创意性，更加深入人心。

扩 展 阅 读

成都一公益组织使用 AI 合成图募捐？
专家：公益组织应慎用 AI 技术

有博主发文称，成都爱益行公益服务中心疑似在某平台的捐赠页面使用 AI 合成图片，涉嫌骗捐，引发网友热议。该博主表示，该捐赠项目中有三张照片为 AI 合成图，每个老奶奶的照片都不一样。该捐赠项目页面截图显示，目前已经筹集善款 5 882 元，1 050 人次。

该机构客服回应记者称，出于对老人的隐私保护和满足老人子女提出的需求，老人正面照片使用的是 AI 合成图片，项目其他内容都是真实的。此外，该机构负责人回应称，涉事项目老人照片并未标注是合成图片，但该项目其他资料都是真实的，账目透明可查。

1 月 9 日，《华夏时报》记者进入该平台，发现涉事捐赠项目已下架，该机构客服向《华夏时报》记者表示，目前平台上所展示的公益项目使用的都是真实图片。

记者了解到，成都市民政局已对该机构开展调查，涉事项目展示的老人照片为 AI 合成图的情况属实，并已对该机构进行约谈，要求立即整改，整改情况向公众公开，若造成捐款人误信可退款。同时，成都市民政局要求全市慈善组织在开展公开募捐活动时，必须确保文字、图片等内容真实有效，不应使用虚构图片；使用个人照片时，须征得当事人授权同意，并注意保护个人隐私。

站在《慈善法》的角度考虑，慈善组织开展公开募捐时，首先要尊重和保护受益人的隐私，使用受益人照片时需要获得本人授权，如果没有相关授权，关键的隐私信息需要隐去。

节选自：石文君，文梅. 成都一公益组织使用 AI 合成图募捐？专家：公益组织应慎用 AI 技术.（2024-01-11）[2024-12-05]. https://www.chinatimes.net.cn/article/133439.html.

第二节 新媒体公益传播的作用与机制

课程导入

数字时代的爱心"桥梁"互联网平台激发公益新可能

《2023年抖音公益专题报告》显示，从单向传递的"我说你听"，到双向奔赴的"连接和互动"，互联网打开了公益"万花筒"：公益内容与互联网用户"互为情境"；公益方向从狭义的捐款捐物"做慈善"，走向更广义的"泛公益"；人人可参与、公益可持续，通过技术和产品优势探索创新路径，让更多人参与美好的发生。

作为天然的公益土壤，互联网正合纵连横着每一个公益参与者，让每一次善意的传递都似蒲公英的种子播撒，让涓涓善意细流，汇成公益江海。

从指尖到屏幕，移动互联网不仅拉近了人与人之间的关系，也刷新了人们了解公益、参与公益的距离。在抖音公益，每一位热心公益的用户、达人、明星、公益机构、官方媒体、品牌商家都在用自己的个性内容表达，沿着"种草—参与—激励—持续参与"的路径，让公益变得"人人可参与，人人享乐趣"，持续转动社会公益发展的正向飞轮。

节选自：陈听雨.数字时代的爱心"桥梁"互联网平台激发公益新可能.（2023-12-11）[2024-12-03]. www.news.cn/tech/20231211/e36f30034e284cca8473bbe1432a323a/c.html.

一、新媒体公益传播的作用

（一）激发公众参与意识

新媒体平台通过互动性强、形式多样的传播方式，如短视频、直播、H5等，吸引公众积极参与公益活动，降低了公益行动的门槛，让更多人有机会参与到公益事业中来，实现了"人人公益，全员传播"。同时，提升公众对各类社会公益问题的关注度和认知度，如环境保护、教育公平、扶贫助弱、养老助残等公共议题，从而引导大众树立正确的价值观和社会责任感。

（二）促进公益资源整合

传统的公益传播往往需要大量的人力、物力和财力投入，而新媒体公益传播大大降低了这些成本。新媒体公益传播通过网络众筹、公益广告等形式，能够更有效地整合社会各界的公益力量和资源，为公益项目提供资金、物资及技术支持。

（三）提升公益透明发展

新媒体使得公益组织的工作更加透明化，通过实时更新项目进展、公开财务数据等方式，增进公众对公益组织的信任，促进公益事业健康持续发展。公众可以通过网络实时了解公益活动的进展，对公益活动进行监督，提高公益传播的公信力。

（四）引领社会公益风尚

新媒体平台上的公益传播案例，往往会成为社会热点，引领社会风尚，倡导良好的道德风尚和社会行为规范，对于构建和谐社会、推动社会进步具有积极意义。新媒体的互动性，使得公众不再是被动接受信息的对象，而是可以主动参与到公益活动中的公益传播主体。这种互动性不仅提高了公益传播的效果，也增强了公众的社会责任感。

二、新媒体公益传播的机制

（一）传播载体与内容

1. 互联网成为公益传播的重要载体

截至2024年，民政部共指定32家慈善组织互联网募捐信息平台，具有为慈善组织提供募捐信息发布服务的资格。2017年7月，民政部发布了《慈善组织互联网公开募捐信息平台基本技术规范》与《慈善组织互联网公开募捐信息平台基本管理规范》。网络平台的陆续上线与规范的相继出台标志着中国公益组织在互联网募捐、互联网信息公开、互联网品牌传播等方面进入了全新的发展阶段，客观上也对中国公益组织的互联网思维和技术应用能力提出了更高要求。

互联网的海量性使其包含大量的信息，关于公益活动的大多数信息都可以在互联网上得到证实和了解，如小朋友画廊项目，打开项目页面后，大家可以看到每位小朋友的作品，捐助的善款可以真正到达合规的公募机构平台。相对传统公益模式而言，互联网公益的透明度有了很大的提升。互联网的实时性带来了消息的实时更新，人们可以超越时空的限制，随时随地查看信息更新情况，了解捐助进展和捐助效果。

2. 公益传播内容通过组织主动开展"议程设置"完成

公益传播通过对公共议题的设置来让社会问题和舆论得到显

现，从而推动公共政策的完善和改变。从社会价值的视角来看，公益传播不仅是实现组织发展的手段，也是解决社会问题和创造改变的过程。传播本身就是一种行动，公益传播是组织价值传播的过程。社会组织的公益传播是满足三位一体的社会组织、公众和社会需求的共赢行动，能够提高公众对公益行业的认知。

（二）传播主体与形式

我国大部分社会组织在成立初期成员比较少，社会影响力有限。发起成员有着明确的理念、共识和强烈的使命感，用新媒体开展公益传播达成社会认同，号召更多人加入。社会组织通过建设自有的网站，运营微博、微信、短视频官方账号，发表言论、招募志愿者，完成组织使命及目标。公益传播可以构建组织品牌，完成筹款，推广公益项目或服务，完成组织使命。

公益传播的传播主体，除社会组织外，还有政府、企业等，它们共同全程参与公益传播过程，为扩大公益的影响力做出共同努力。

（三）效果评估

新媒体时代公益传播的效果评估需要综合运用多种工具和技术手段，不仅关注传播的广度，更注重传播的深度和实效性，力求真实反映出公益传播在促进社会进步、公众教育、价值观塑造等方面所取得的成效。

1. 影响力评估

新媒体环境下，公益传播评估时可统计相关公益内容的浏览量、转发量、点赞量、评论量等指标，对公益议题的理解深度以及传播后受众态度的变化进行量化，如是否增强了对某一社会问题的关注、是否提高了对公益行动的认可和支持度，以此衡量公益传播的覆盖范围和影响力。

2. 参与度评估

新媒体的交互特性使得公益传播不再局限于单向传递，而是致力于激发受众的主动参与。评估时可以考察用户生成内容的数量和质量，包括用户发起的相关话题讨论、分享、捐款捐物数量、线上线下联动活动的参与人数等。

3. 转化率评估

实际行为的改变是公益传播效果的关键衡量指标，评估时应考察公益传播之后产生的实质行为，如志愿者报名人数、公益募捐金额、公益产品购买量的增加，以及公益行动的实际参与效果的提升等。

4. 关联度评估

对于发起公益活动的企业或组织，还需要考量公益活动对其品牌形象、社会责任感的提升作用，是否有持续发酵、二次传播的现象，随着时间推移是否仍然能够保持一定的关注度，以及对社会整体福利的改善程度。

扩 展 阅 读

全民公益到全民受益 互联网让"向善"更有力

2023年9月5日是我国第八个"中华慈善日"。"让我们'益'路同行，把爱传递""关爱幼老——向幸福出发"……连日来，各地相关部门积极宣传中华慈善日，相关平台也参与其中，倡导爱心人士踊跃参与慈善公益，为社会和谐贡献力量。

"携手参与慈善，共创美好生活。"参与慈善公益，人人可为。新技术塑造新业态，新玩法丰富新模式，随着互联网公益的纵深发展，"人人公益，全员传播"正从梦想照进现实。以腾讯公益推出的"99公益日"为例，据统计，截至2023年6月20日，超过7亿人次网友通过腾讯公益平台捐款，总额超过244亿元，惠及约12万个公益慈善项目。这样的数字富有张力，更给人温暖和力量。

有句话说得好：善的力量无边无际，在点滴爱心行动中得以延续。微火成炬，涓滴成河，让点点爱心更全面喷涌开来，这是慈善公益机构的分内事，全社会也责无旁贷。据了解，今年"99公益日"将有一大亮点，即首创跨平台配捐，"配捐不止于腾讯公益，用户在哪里，配捐就在哪里"。同时，还联合微信支付推出"分分捐"，"用户支付成功后可选择随手捐赠小额善款，小善终将汇成大爱江海"。

慈善公益有创新，爱心捐助恒久远。对于公众来说，每一位参与捐赠的人都不缺乏善念和爱心，他们需要点燃，需要共情，也需要反馈。如何让捐赠更便捷，善款使用更透明？把每一笔善款都用在刀刃上，爱心才更能得到回响。监督更有力，"人人可公益"才更有支撑，慈善公益才更能彰显价值底色。

节选自：庹仁.人民来论：全民公益到全民受益 互联网让"向善"更有力.（2023-09-07）[2024-12-03]. http://opinion.people.com.cn/n1/2023/0907/c431649-40072772.html.

第三节 公益传播案例

课程导入

接地气有人气，这场公益直播何以成为教科书式的传播爆款？

没有宏大制作，更没有劲爆场面，一场旨在传递正能量的公益直播，竟引来数十万人在线围观，逾200万人热情点赞，算上其他平台的相关报道，全网累计曝光超过5 600万……

是什么让这场名为"烟火集市，为爱蓄力"的公益直播，逆袭成为同时期的传播爆款？它教科书式的操作背后，又有哪些经验值得推广借鉴？本次公益直播，由长安汽车携手上游新闻和公益组织共同发起，其初心是彰显企业的责任担当，向孩子们传达公益爱心。但要怎么做，才能把它从公益个案，升华为一种正能量现象，用一份爱心去激活无数的爱心，从而实现社会效益最大化？

构思之初，策划团队就想到了用直播的形式为"爱"带货。因为在社交媒体风生水起的当下，兼具可视化、互动性、真实感的视频直播，已成为大众最喜闻乐见的泛传播方式之一。选定了方向，新的问题又接踵而至，到底播什么，才能吸引公众的眼球？毕竟相比时政财经、娱乐八卦一类话题，公益这个题材委实不讨巧。

正在烧脑之际，传播大数据帮了忙。在当前各地想方设法促进消费的背景下，和烟火气息、夜市经济相关联的直播，成为主流平台上的热门品类。

"烟火集市，为爱蓄力"，本次公益直播的主题，就这么定了。如果说寻味烟火集市，奠定了本次直播的人气基础，那通过公益售卖践行"为爱蓄力"，则凸显了它的公益本色。

节选自：吴键，纪文伶. 接地气有人气，这场公益直播何以成为教科书式的传播爆款？．（2023-07-25）[2024-12-05]. https://www.163.com/dy/article/IAG825J9053469M5.html.

一、天才妈妈公益项目介绍

2019年，中国妇女发展基金会总结十多年妇女扶贫与文化扶贫相结合的实践经验，在彝绣工坊、女性文创扶贫等助力困境女性手工艺者发展公益项目的基础上，成立了"天才妈妈"公益项目，以非遗文化传承为切入点积极探索实践社会组织公益赋能乡村文化建设，推动基层妇女可持续发展，挖掘内驱动力，塑造新时代中国女性的新风貌。"天才妈妈"公益项目，主要通过扶持培养具有创造力的非遗带头人，打造"天才妈妈·梦想工坊""非遗展示体验空间""共益共生设计共创计划""约会天才妈妈时尚行动"等一系列模块，以带头人能力培训、设计师创意支持、传统纹样创新应用、产品供应链升级、销售渠道拓展、线上线下宣传推广等多种方式，全面赋能"天才妈妈"，形成公益链条闭环，扶持培养具有创造力的非遗带头人，带领当地困境妇女改善生活状况，提高家庭和社会地位，促进传统手工艺的发展。从2019年项目成立至2022年，"天才妈妈"已在全国12个省建立了23家梦想工坊、3家非遗展示体验中心，覆盖蜡染、剁绣、农民画、皮雕、布糊画、黎锦、掇花绣、陶瓷、耳枕等多种非遗手工艺，累计帮扶6 600多名低收入女性居家就业，辐射带动6万人次受益。

二、传播特色：多方联动开创公益活动新模式

"天才妈妈"公益项目注重从新闻媒体、公号平台、网络热搜等方面进行宣传传播，并邀请优质明星和达人助力，塑造良好的公益品牌形象和品牌价值；通过互动式、体验式、沉浸式的公众公益体验，开启公益广告传播新模式，形成社会传播热点和焦点。

2022年，依托字节跳动公益的平台能力以及巨量引擎的互动技术、流量加持和内容生态等商业化能力，用户通过点击抖音互动道具"缝隙生花"即可体验"天才妈妈"们设计的三款非遗手工作品：侗族手工布、剑河红绣和枫香印染。点触间大众即可了解公益项目，降低了用户公益参与门槛，创新了公益活动参与形式，让每一次聚少成多的力量，凝聚和创作更多社会价值。除视频和互动道具外，公益创意季更是整合平台资源，通过开屏、信息流、搜索广告、DOU+等商业产品的组合拳，使活动影响力最大化，同时通过技术打通各方链路，并借助数据实现精准投放，让用户的公益体验更流畅，也让整个公益模式更可信、可触，易于激发主动参与，真

正发挥互动式公益的优势。

　　本次创意季活动，"天才妈妈"公益项目的参与人数达 5.2 万，视频播放量达 2.8 亿。2022 年，在北京冬奥组委会的支持下，中国妇女发展基金会主办"冬奥有礼·约会天才妈妈"活动，邀请到邓亚萍等奥运冠军，获得数十位演艺明星、达人的共同支持，整合了抖音、腾讯等在内的流量媒体平台，各地妇联也积极响应，通过录制视频、组织非遗手工艺人参与等方式祝福北京冬奥，依托奥运主题亮出了非遗文化和非遗宣传，视频播放量达 3 181.7 万。

三、传递品牌价值

　　数字化赋能、拓展渠道新模式，凝聚公益品牌新价值。"天才妈妈"公益项目充分借力互联网、网络直播、数字公益等技术红利，与流量购物平台、头部网购渠道等密切合作，创新和拓展销售渠道，增加非遗产品的流量和销量，让非遗手工艺走入千家万户。"天才妈妈"公益项目通过平台义卖、直播带货、引入企业订单等方式为梦想工坊带来了价值 150 万余元的订单支持。其还通过上线腾讯公益、支付宝公益、字节跳动公益等平台进行项目筹款和宣传，并助力多家企业建立起独特的企业社会责任（CSR）品牌项目，完善了企业社会价值和品牌形象。得益于互联网的高效链接，项目的互动性和故事性的创新做法，使"天才妈妈"公益项目在数字平台公益上获得了更多传播曝光和善款支持，让越来越多公众关注到非遗，进而帮助更多农村妇女实现自我价值，令非遗技艺有了更大的传承空间。

四、凝聚社会共识，传播公益价值

　　"天才妈妈"公益项目充分整合和凝聚多个公益主体、多家公益平台、多方公益资源，通过引流牵线、搭台互促，鼓励公众的善心善举，发挥企业的社会责任，弘扬社会正能量，将公益价值和公益力量发挥到最大。"天才妈妈"公益项目与蚂蚁"数字木兰"计划进行了深度合作，在支付宝公益创新互动产品蚂蚁新村中通过非遗展览、非遗产品义卖等线上线下相结合的形式实现合作，吸引爱心用户关注非遗，助力女性乡村手艺人就业增收。

扩展阅读

借AI与古籍对话，"人工智能+"成公益创新突破口

眼下，数字技术、AI已成为社会发展热词。在公益慈善领域，前沿技术的发展也促进了行业不断升级迭代，新的公益项目、公益产品不断涌现。

2022年3月，字节跳动向北京大学教育基金会进行捐赠，支持"北京大学—字节跳动数字人文开放实验室"。字节跳动依托在OCR（光学字符识别）、自然语言处理、知识图谱等技术领域的经验积累，以及互联网产品设计与研发优势，探索借助AI提高古籍修复、整理工作效率。当年10月，由该实验室研发的古籍数字化平台——"识典古籍"上线，让古籍保护与传承工作步入"快车道"，更多中华文化瑰宝得以进入大众视野。

此前爆火的ChatGPT让很多人第一次听说了"大语言模型"这个专业术语。简单来说，即一些使用了大模型技术的产品，能和用户自然地对话和交流。不过，将该技术应用在古籍检索及阅读领域，目前并没有先例。加之古籍内容的特殊性和专业性，如何更好地利用这一技术，使其能够准确识别用户意图并给出让人满意的结果，仍是不小的挑战。

节选自：皮磊.借AI与古籍对话，"人工智能+"成公益创新突破口．(2024-03-14)[2024-12-05]. http://www.gongyishibao.com/html/redian/2024/03/26772.html.

思考题

1. 全媒体时代，公益传播的特点有哪些？
2. 新媒体公益传播有哪些作用？
3. 如何评估新媒体公益传播的效果？

模拟情景练习

在通信技术、AI技术飞速发展的新时代，假设你是一名具有公开募捐资质基金会的品牌公益项目传播官，需要在公益项目开展十周年之际，制定一项全媒体公益传播方案，要求有中央一级媒体的深度报道和至少两种新媒体传播渠道和受众，你该怎么做？

参考文献

［1］夏佳鑫，杨为方．什么是公益传播：数字传播时代的公益传播概念研究．广告大观（理论版），2020（4）．

［2］李梦圆．互联网企业的公益传播策略研究：以"腾讯公益"为例．武汉：湖北大学，2018．

［3］陈珺．浅析全媒体时代传统媒体的公益传播策略．新闻传播，2017（13）．

［4］杨霄．融合·创新·实践：国内公益传播发展研究．新闻世界，2022（6）．

第八章
社会组织传播媒介

学习目标

1. 了解社会组织与传统媒体、新媒体的关系
2. 学习社会组织公益传播的路径优化
3. 学习媒体关系管理案例与实务

第一节 社会组织媒介环境

课程导入

万屏联播话安全,济南"泉城亮屏"应急公益宣传活动启动

为进一步完善公民安全教育体系,大力提升公众风险防范意识和应急能力,提高全社会整体应急管理水平,济南市安委会办公

室、济南市减灾委办公室联合下发《济南市"泉城亮屏"应急公益宣传活动方案》(简称《方案》),在全市范围内持续开展"泉城亮屏"应急公益宣传活动,并将每月16日定为安全生产集中宣传日。

应亮尽亮 打造全城联动应急安全"屏课堂"

《方案》要求,济南各区县(功能区)安办、减灾办,各安委会、减灾委成员单位,各区县(功能区)应急局、各相关单位根据属地管理和"应亮尽亮"的原则,充分利用LED显示屏形象直观、受众面广等特点,通过常规自主亮屏、每月固定的宣传日集中亮屏、重要节日节点统一亮屏相结合的方式,开展应急安全公益宣传。

万屏联播 大安全大应急宣教融入居民日常

逢4·15全民国家安全教育日、5·12全国防灾减灾日、6·16安全生产宣传咨询日、11·9全国消防日等重点时间节点,各亮屏单位将根据统一调度,将"大安全""大应急"宣传教育内容全方位、多维度融入居民日常生活中。4月15日,济南市各部门、各区县积极行动,围绕第9个全民国家安全教育日活动主题,进行了广泛宣传。

节选自:刘桂斌. 万屏联播话安全,济南"泉城亮屏"应急公益宣传活动启动. (2024-04-23) [2024-12-06]. https://www.ql1d.com/general/23707696.html.

媒介具有信息属性、社会属性、文化属性、技术属性和商品属性。信息属性是媒介最根本、最重要的属性。社会组织所处的媒介环境日新月异,随着网络媒体、互联网+、5G等数字化技术的迭代更新,社会组织迎来了全程媒体、全息媒体、全员媒体、全效媒体的全媒体时代。

一、公益传播与传统媒体

麦克卢汉的"媒介即讯息"理论认为,人类拥有了某种媒介才可能从事与之相适应的传播和其他社会活动。传播媒介，也称为传播渠道、传播工具等，是用来承载传播内容的、传递信息的载体，如计算机、电视、手机、视频平台、报纸书刊等与传播技术有关的媒体。

传统媒体是相对于近几年兴起的新媒体而言的，主要包括报刊、广播、电视等传统意义上的媒体，担负着向社会公众传播公益理念、组织并宣传公益活动的功能，可以公益广告、公益节目等形式制定公益传播策略。

1. 电视

电视是一种集文字、图像、色彩、声音于一体的信息载体。电视的传播形态包括传统电视、网络电视、移动电视等。公众在一段时间内重复看到电视里反复播出的公益广告，可以形成深刻印象，进而行动起来。移动电视除了具有传统媒体的传播功能，还具备了发布城市应急信息的功能，在紧急情况下能确保信息的快速传播。

2. 报刊

报刊是集文字、图片于一体的印刷媒体，新闻性强、权威性高，具有保存价值。我国的报刊在社会公益宣传上取得了很好的传播效果。《读者》是把平民文化和精英文化结合最好的中国期刊，关注教育和环保，联合中国青少年发展基金会发起了"保护母亲河，共建读者林"活动，这一活动的成功举办获得了社会的广泛认可。

3. 广播电台

广播是一种集声音、文字于一体的电子媒体，具有跨时空性、即时性、较强的亲和力和易接受性，更容易深入人心，例如全国各地的交通广播电台。北京交通广播 FM103.9 与全国顺风车公益行动组委会、北京车友协会联合主办的"2018春节回家顺风车"活动秉承"共享经济"和"绿色经济"的发展理念，促进了"节能环保、减缓交通压力、促进人与人之间的互相信任"，是用广播作为载体完成公益传播的优秀案例。

二、公益传播与新媒体

在新媒体被广泛应用的大环境下，公益传播也变得更接地气和更加生活化，新媒体让公益变得更简单、更轻松、更有趣。

1. 微博

微博具有开放性、及时性、碎片化的特性。人们可以在微博上随时发布文字、图片、音频、视频等信息，实现信息的即时传播与分享。例如，微博秉承"关注就是力量"的理念，利用有效的传播机制传播公益信息，组织、招募志愿者积极开展线上线下的活动，并通过热门话题等方式，使公益活动得到了更多的转发和关注。

2. 微信

微信是一种融合多种信息表现形式、具有社交属性的新媒体形式，针对相对封闭的圈子内的强关系传播，具有用户多样化、平民化、易传播、个性化等特性。如腾讯公益通过捐赠步数来传播公益，用户可以选择自己感兴趣的项目进行捐赠，既加大了捐赠者的自主选择性，又提升了参与公益的乐趣。

3. 短视频

在5G时代，依托抖音、快手、B站、小红书等移动互联网平台的传播力，公众得以更方便、快捷地获取新闻资讯。其中，短视频平台发展迅猛，强大的用户基数为公益传播创造了价值。公益短视频利用可视化技术传递公益价值，承担社会公益责任。

微博、微信、短视频作为新媒体，成为公益传播的重要平台，其内容的表达丰富、形式多样、受众广、传播效果佳，效率和透明度都表现较好。

扩 展 阅 读

用镜头传播文明 成都市第二届公益短视频大赛获好评

2024年1月,"金芙蓉·文明让生活更美好"成都市第二届公益短视频大赛圆满落幕。

此次大赛由中共成都市委宣传部、成都市精神文明建设办公室、成都市文学艺术界联合会联合主办。大赛于2023年7月底正式启动,共收到参赛作品700余部。参赛作品以不同形式,从不同视角,描摹出文明成都的幸福模样。

活动还受到了国内著名导演、编剧、传播领域学者的一致好评。相关专家、学者认为,此次大赛参赛作品质量较高,展现出成都公益文明风貌,传递出温暖温情,希望大赛能够持续举办下去。

"成都市第二届公益短视频大赛是一项非常有意义的城市文化活动。"在成都大运会咨询委员会专家、原北京市外宣办主任、原北京奥组委新闻宣传部部长王惠看来,大赛的参与者来自各行各业、不同年龄段,以身边小事为聚焦点,充分体现社会主义核心价值观和正能量,讴歌社会文明风尚。"全民、全龄积极参与社会公益的精神值得赞赏。希望大赛能够越办越好,期待明年能继续参与。"

节选自:朱虹.用镜头传播文明 成都市第二届公益短视频大赛获好评.(2024-01-03)[2024-12-08]. http://sc.people.com.cn/n2/2024/0103/c345167-40702183.html.

第二节 社会组织公益传播路径与方法

课程导入

报告显示：过去十年中国数字慈善增速快活力强

中国慈善联合会于2023年9月15日在深圳举办的第十届中国公益慈善项目交流展示会上发布的《中国数字慈善发展报告》（简称《报告》）显示，数字慈善在过去十年快速发展，成为中国慈善领域增长速度和活力最为突出的方面。

《报告》显示，中国互联网募捐平台的筹款总额从2014年的4.36亿元增长到了2023年约100亿元的规模，参与人次也从原先的1.18亿人次增长到了超百亿人次。

《报告》从数字慈善的内涵外延、发展脉络、治理格局和未来趋势等角度进行了探究，以互联网慈善募捐平台为样本比较分析数字慈善典型案例，深度挖掘了不同主体开展数字慈善的业务场景和作用价值，基本表明了当前我国数字慈善的发展状况。

节选自：郑小红.报告显示：过去十年中国数字慈善增速快活力强.（2023-09-15）[2024-12-08]. https://www.chinanews.com.cn/cj/2023/09-15/10078646.shtml.

一、社会组织公益传播的作用

（一）促进社会组织的社会认同

社会组织可以通过宣传自身理念获得社会认同，吸引更多拥有共同意愿的人参与到组织的公益项目当中。如"免费午餐""微博打拐"等公益项目引起了公众的广泛关注和参与，微公益理念渐入人心。社会组织因聚焦某社会议题、某一类弱势群体，提出了行之有效的建议或宣传有意义的主题活动，来帮助解决社会问题。

（二）提升组织的影响力和美誉度

社会组织通过项目设计和公益传播，整合流量入口与跨界资源，构建全面公益生态平台，展示"身边公益、人人可为"的公益形象，使公益融入生活。内容设计上，公益传播要具有场景感，能够理解受助人并融入受助人的真实生活，撰写符合社会组织特点和具有场景感的文案。在宣传形式上，要通过创新角度开展不同形式的传播活动，包括微信推送、电子海报、创意条漫、短视频、H5游戏等，提升社会组织的影响力和美誉度。

（三）设置议题倡导公益主题

在全媒体时代，有越来越多的公益组织开始利用媒体设置议题，创新传播内容。2023年，中国残基会邀请理事、监事、爱心企业、媒体记者前往项目执行机构进行实地探访，该活动成功开创了理事、监事参与基金会事务、履职献策的新方式，让更多理事、监事能够真实、深入、多元地参与到公益行动中，增进理事、监事对基金会公益项目的了解。《人民政协报》、中国新闻网、中国网、中央电视台社会与法频道、《公益时报》、《中国残疾人》杂志等媒体对活动进行了报道，各大网站纷纷转发，产生了良好的传播效果。

二、社会组织公益传播路径的优化

（一）整合各方资源，助力社会组织创新发展

社会组织要做好公益传播，应注重整合内部外部资源、线上线下资源，发挥全民公益和全社会公益的最大价值，以常态化、多元

化、可持续的方式推进助残公益项目的发展，充分调动助残志愿者和志愿服务队力量，依托优质公益募捐平台、知名企业、明星名人、创意传播机构等，通过移动化募资、社交化场景和趣味化互动，激发社会各界关心。搭建起一个开放的、长期的、可持续的公益生态系统，通过成熟的内容生态构建人人可参与的机制，让公益机构、公益项目、商业产品、社会大众在其中发挥各自的能量，与业务主管单位和行业管理部门保持信息交流，加强公益倡导和项目宣传，邀请相关领域专家提供专业指导，助力社会组织创新发展。

（二）依托流量平台，扩大社会组织公益传播

社会组织需要进一步提升自身公益项目的关注度、传播力和影响力，实现公益宣传和慈善传播的持续破圈。可打造互联网+公益、平台+公益、直播+公益等新模式，依托微信、微博、抖音、小红书、B站等流量平台进行互动体验式传播，借助头部流量平台的产品能力、内容能力、数据能力、技术能力等，激发公益新可能，链接善意，从而让公益变得人人可参与，打造"科技+互动+公益+营销"的互联网体验式公益，助力互联网公益的创新升级。还应抓好时间节点，主动设置议题，调动网民参与公益活动的积极性，增进互动交流。公益品牌需要重复性传播，强化公众记忆，围绕品牌定位做好公益传播，处理好声誉、形象与品牌的关系。

（三）注重科技力量，增加受众沉浸感

新时代科技的发展日新月异，社会组织的公益传播也要紧跟时代步伐，将公益的发展与时代的发展结合起来，不断创新公益传播模式，提升公益效果。社会组织应注重利用现代科学技术赋能公益活动。让公众沉浸和分享公益，通过线上和线下结合的方式拓宽传播形式。公众通过在微博、抖音、朋友圈等社交平台分享活动感受，能够带动家人、朋友参与活动并沉浸在活动中，进而在社交平台进行分享，提高人们在公益活动中的参与感，不仅仅让公益深入

公众内心，还能够扩大传播效果。

（四）创新活动形式，提升公益互动性

公益项目要打造具有社会组织自身特色的公益品牌，公益传播是实现这一目标的重要手段。因此，公益项目要创新活动形式和传播方式，创新活动形式能让公众获得新鲜感，通过新媒体的途径，积极在微博、抖音、公众号等多种新媒体社交平台上进行传播；创新传播方式则包括鼓励公众转发、跟帖、点赞，增强互动性，对微信公众号下的留言进行及时反馈，还可以利用短视频平台进行互动传播，探索公益传播创新方案，挖掘"破圈"的方式。只有让社会组织和公益项目在公众内心留下深刻的印象，用创新的公益传播讲好公益品牌故事，才能提升组织的影响力。

（五）注重舆情思维，加强应急管理能力

加强舆情监测是社会组织做好应急管理和舆情应对的基础，发现有负面事件及其带来的风险时，一是要运用有效的监测平台和调查手段，尽快查明基本情况，在掌握事件事实的基础上，研判事态发展，制定对策，统一口径，协同行动；二是要加强社会组织舆情应对和风险管理的制度建设和培训宣贯工作，增强同媒体打交道的能力，并通过媒体积极回应公众关切，引导舆论；三是要通过举办工作坊、专业培训等方式向社会组织相关工作人员传递公益传播和品牌建设的理念、方法和技能。

扩 展 阅 读

数字助力减贫赋能公益 短视频和直播平台探索如何做

2023年11月9日，在2023年世界互联网大会乌镇峰会"数字减贫与公益慈善"分论坛上，快手科技副总裁徐静芸说，如何能让短视频和直播超越娱乐属性，带给用户更大价值，并为

社会创造价值，是值得思考的问题。她认为，利用平台特色，短视频和直播可以探索更多赋能区域发展、创业就业、环保公益等有社会价值的事情。

在解决"就业难"问题方面，快手推出可实现"直播带岗"的招聘平台，为蓝领劳动者、大学生、退役军人、残障人士等提供就业渠道。徐静芸说，截至2022年底，快手带来了3 621万个就业机会。

在帮扶弱势群体更好地享受数字红利方面，快手联合中国妇女发展基金会发起"她力量·乡村振兴帮扶计划"项目，支持乡村女性发展，联合中国残联打造集电商培训、创业孵化和残疾人阳光托养于一体的励志品牌和助残直播基地；上线适老化专区，为老龄用户量身打造平台入口；等等。

节选自：宋莉.数字助力减贫赋能公益 短视频和直播平台探索如何做.（2023-11-10）[2024-12-13]. https://baijiahao.baidu.com/s?id=1782174184018685773&wfr=spider&for=pc.

第三节 媒体关系管理案例与实务

课程导入

乘坐地铁看中轴 北京中轴线基金会公益海报亮相北京地铁

2023年7月2日，"壮美中轴地铁行"北京中轴线基金会公益海报发布活动成功举办。本次活动旨在通过与中轴线走向贴合的"地下中轴线",在客流汇聚的地铁空间集中展示"中轴风采"。

北京中轴线基金会公益海报共 200 幅,首批的 100 幅已于 6 月 6 日在北京地铁 8 号线北土城、安华桥、安德里北街、鼓楼大街、什刹海、南锣鼓巷、中国美术馆、金鱼胡同、王府井、前门、珠市口、天桥、永定门外以及地铁 6 号线郝家府等站进行发布,第二批的 100 幅将于 7 月 8 日在北京地铁站点发布,发布时间将持续至 2024 年 2 月 8 日。

为引导市民参与中轴文化传播、感受中轴魅力,活动推出了北京中轴线基金会公益形象代言人,他们中不仅有中轴线专家学者、热爱并关注中轴线的主持人,还有北京中轴线文创大赛获奖代表和市民代表等。在北京地铁持续展示和推介北京中轴线文化遗产,有利于更大范围地向公众介绍北京中轴线文化遗产价值,进一步形成全社会保护中轴线,爱护北京老城的共识。

活动当天 10 时至 17 时,主办方还安排了联动站持册集章活动,乘客持册在地铁 8 号线前门、王府井、南锣鼓巷、什刹海、鼓楼大街、永定门外 6 个站集满 6 个特色印章,便可在 8 号线鼓楼大街站盖中轴滚轴章,成为北京中轴线文化遗产保护的参与者和传播者。

节选自:朱冠安.乘坐地铁看中轴 北京中轴线基金会公益海报亮相北京地铁.(2023-07-02)[2024-12-08]. https://news.cnr.cn/local/dftj/20230702/t20230702_526312404.shtml.

一、"母亲水窖"项目

(一)项目背景

"母亲水窖"是由中国妇女发展基金会(简称"中国妇基会")发起的品牌公益项目。中国妇基会是 1988 年 12 月由全国妇联发起成立的全国性公募基金会。"母亲水窖"项目致力于让项目地村民从"吃上水"到"健康用水",再实现"水滋养的幸福生活",不仅为公益行业提供了参考,也为脱贫攻坚和乡村振兴贡献了解决方案,书写了中国公益史上的一段传奇。"母亲水窖"项目已经走过 20 余年岁月历程,创造社会价值超过 40 亿元。该项目以凝聚民间智慧的传统水窖为基础,在现代公益理念的引领下对其进行现代思维的创新创造,既改善了贫困干旱地区人民的生活质量,又赋予了公益项目人文关怀、可持续发展的深刻内涵,表现了党以民生为本、注重人文关怀、践行使命担当的历史责任。

2001 年 10 月,"母亲水窖"被载入《中国的农村扶贫开发》;2005 年被载入《中国性别平等与妇女发展状况》,荣获全国首届"中华慈善奖";2015 年小行星中心(MPC)将国际编号为 207715 号的小行星命名为"母亲水窖星"。

(二)媒体关系

为扩大宣传和动员社会力量,中国妇基会和光明网在官网上设置了"母亲水窖 20 年"专栏。"母亲水窖"项目启动的第一年,就通过树立品牌意识强化传播,形成了强大的社会感召力。2000 年 12 月 22 日,全国妇联、北京市政府和中央电视台联合举办"情系西部·共享母爱"大型慈善晚会,共筹集善款 1.16 亿元,在海内外引发巨大反响。光明网与中国妇基会推出《20 年,我们一起走过》"母亲水窖"20 周年系列短片,用镜头记录项目实施地群众生活发生的变化,带领大家倾听受益群众、捐赠企业、捐赠个人、基层妇联工作人员、专家学者等各方代表与"母亲水窖"的故事。中央电视台、新华网、《中国青年报》《中国妇女》杂志等众多媒体深度报道了"母亲水窖"项目 20 年来的成就,"母亲水窖"公益短片在人民网、人民视频、腾讯视频、优酷视频等视频网站滚动播出。

从 20 年前"吃上水"到 20 年后的"健康用水",以及未来"水滋养的幸福生活","母亲水窖"项目推动公益理念深入人心,让更多人可以从不同层面参与落实国家节水行动方案,倡导全社会形成

"珍惜水资源、节约用水、爱护水源"的良好社会风尚。其以强大的品牌影响力，在助力地方提升饮用水安全供给能力、改善农村人居环境、倡导农村优良生产生活习惯等方向继续发挥引领作用。

二、绿盟公益基金会"中国美丽乡村计划"

（一）项目背景

绿盟公益基金会（简称"绿盟"）是由多家富有社会责任感的企业发起的专注乡村环境保护、推动美丽乡村建设的非公募基金会。该组织以公益推动的创新模式，帮助广大乡村统筹建设，同时不断提升自身的资源整合能力。自2015年成立以来，绿盟在全国范围内推广"中国美丽乡村计划"，覆盖了乡村、乡镇和县域三个层面，致力于解决当地的垃圾围村、人才流失、无序建设、乡村文化衰落等问题。

绿盟发起的乡村垃圾捡拾公益行动，从运用人际传播的方式建立公益圈子，到成立"绿媒体"记者队伍，再到如今运用互联网技术打造"绿币"（公益积分）系统，运营官网、"最美乡村"微信公众号平台等，"美丽乡村"概念得到了迅速传播，塑造了公益组织的品牌形象，构建了一个绿色乡村公益价值生态圈，具有一定的创新性、典型性。

（二）媒体关系

"中国美丽乡村计划"公益项目的实践过程中，各大传统媒体通过对绿盟的长期、持续报道，帮助绿盟有力发声，对其树立正面形象、提升社会影响力产生了积极作用。绿盟在"中国美丽乡村计划"梅州试点村征集活动上首次推出了"最美乡村"自媒体，这也是绿盟首次运用新媒体大规模进行美丽乡村试点村征集，得到现场百余名企业家的积极响应。它是绿盟注册的中国首个关注美丽乡村话题的自媒体平台，长期独立观察中国乡村发展。每当国家出台相关政策，"最美乡村"都会第一时间进行解读，还不定期发布一些公益活动信息，分享绿盟美丽乡村建设的"干货"经验，用满载美丽乡村记忆的原创文章引发读者的共鸣。绿盟还与网易佛山合作打造了最美乡村直播间，走访改造后的美丽乡村，使受众能够实时感受美丽乡村的魅力。

扩展阅读

无障碍电影传递温暖 光明影院铺就"文化盲道"

健全人能享受到的，残障群体也要同等地享受到，这理应成为全社会的共识。中国传媒大学师生团队注意到了视障群体对走进电影院观影的渴望与无奈，便与北京歌华有线、东方嘉影联合推出"光明影院"无障碍电影制作与传播项目，决心为视障群体铺设一条通往心灵的"文化盲道"。这个起初只有30人的团队，7年来先后有800多名师生志愿者加入。一部部作品，一场场讲解，志愿者们虽然劳累，但心里满是喜悦和温暖。

无障碍电影的特点，是在电影间隙插入对画面的讲述。对于志愿者们来说，一部电影看二三十遍、一个镜头反复看是常事。制作时，他们为了推敲一个细节，有时候需要反复让画面"暂停"或"后退"，但大家乐此不疲。中国传媒大学博士研究生李怡滢告诉记者，讲电影不仅是描述画面，更是将镜头背后的深意、导演的意图传达给视障朋友。她说："比如《西虹市首富》中有一个镜头，女主角把头埋进了围巾里，写解说词时，我们不能仅仅描述这个动作，还要结合剧情发展、人物心理，讲出主角究竟是因为冷了把头埋进围巾里，还是因为害羞把头埋进围巾里。"志愿者们还会根据不同的影片类型调整解说词的语言风格，让视障朋友们能跟着情节一起笑、一起激动、一起

> 流泪。
>
> 　　不少视障朋友在"光明影院""看"了人生第一场电影。这不仅是一次简单的观影，更是洒向人生的一道光，让他们终于有机会平等地参与文化生活、享受文化成果。
>
> 　　节选自：安俐.无障碍电影传递温暖 光明影院铺就"文化盲道".中国青年报，2024-04-20.

思考题

1. 新时代媒介环境与此前相比发生了哪些变化？请举例说明。
2. 在新媒体时代，社会组织公益传播的路径有哪些？
3. 请就一至两个社会组织公益传播优秀案例进行分析点评。

模拟情景练习

　　为提升女童自我保护能力，增强女童保护力量，营造关爱保护女童成长、维护女童合法权益的氛围，请以"保护女童－为她们撑起爱的蓝天"为主题，为你所在的女童保护组织策划一个短视频传播方案，倡导全社会关注女童保护，普及女童保护的知识并鼓励公众加入到女童保护的志愿服务行动中来。

参考文献

　　[1] 杨岳.全媒体时代公益传播的探讨和思考.中国社会组织，2019（10）.

　　[2] 赵泓，刘子莹.新媒体环境下乡村公益组织传播策略研究：以绿盟基金会"中国美丽乡村计划"为例.探求，2018（6）.

［3］李梦圆.互联网企业的公益传播策略研究：以"腾讯公益"为例.武汉：湖北大学，2018.

［4］陈珺.浅析全媒体时代传统媒体的公益传播策略.新闻传播，2017（13）.

［5］于璇，刘东建.全媒体时代公益短视频价值引领研究：以抖音为例.现代视听，2021（7）.

［6］徐腊凤，史秋霞.近十年我国社会组织品牌建设的研究回顾与展望.长春理工大学学报（社会科学版），2021，34（2）.

第九章
社会组织新闻工作

学习目标

1. 了解社会组织开展新闻工作的重要性
2. 掌握社会组织新闻工作的基本原则与要求
3. 熟悉社会组织新闻工作的制度建设
4. 掌握社会组织新闻发布的流程

第一节 社会组织新闻工作概述

课程导入

《中基透明指数FTI2023报告》发布 推动慈善事业在阳光下运行

2023年,民政部启动实施"阳光慈善"工程,通过开展政策宣讲、监督管理、信息化建设、制度建设等工作，推动慈善组织真实、完整、及时地进行信息公开，不断提升慈善事业公信力。

2024年1月12日，在基金会中心网举办的中国基金会行业数据发布会上，《中基透明指数FTI2023报告》《基金会发展观察报告》《2023中国企业基金会观察报告》《基金会薪酬数据报告》《基金会保值增值投资活动观察报告》等相继发布。

数据显示，FTI2023平均值为61.39分，比FTI2022的59.07分提升了2.32分。FTI上线十多年来，基金会平均透明度首次突破及格线。这也从侧面显示出，基金会的信息公开水平在不断提升，但从整体上看离"阳光慈善"的要求还有很远的距离。

针对基金会在信息公开方面存在的问题，究竟应该采取哪些措施？《中基透明指数FTI2023报告》从基金会、支持机构、管理部门三个方面提出了行动建议。

基金会方面，一是提升业务水平，科学管理项目，了解行业通识，推动信息公开日常化；二是完整准确填写年报，依法公开信息；三是区域生态建设中要横向纵向推动透明公开。支持机构方面，一是助力基金会信息公开等各项能力建设；二是传播现代公益理念。管理部门方面，一是加强基金会信息公开工作指导；二是鼓励支持机构为基金会信息公开赋能。

节选自：王勇.《中基透明指数FTI2023报告》发布 推动慈善事业在阳光下运行.（2024-01-15）[2024-12-13]. http://www.gongyishibao.com/html/yanjiubaogao/2024/01/26314.html.

一、社会组织新闻工作的重要性

（一）肩负时代责任与使命

在新时代背景下，社会组织新闻工作肩负着传播正能量、引导社会舆论、促进公平正义的重要责任与使命。它不仅是信息的传递者，更是价值的塑造者，通过真实、客观的报道，展现社会组织的贡献与成效，增强公众信任与理解。同时，社会组织新闻工作还需积极回应社会关切，监督组织行为，促进透明与规范，为构建和谐社会贡献力量。社会组织新闻工作在当今社会中扮演着极其重要的角色，它不仅是传递信息、沟通公众的桥梁，更是时代责任与使命的重要载体。

（二）实现信息公开透明

社会组织新闻工作是实现信息公开透明的关键力量。它承担着将组织运作、项目进展、资金使用情况等关键信息准确、及时地传达给公众的重任。通过新闻发布、媒体采访、社交媒体互动等多种渠道，社会组织新闻工作不仅增强了社会组织的透明度，还促进了公众对组织的信任与支持。使信息公开透明不仅是社会组织的责任所在，也是提升组织公信力、促进可持续发展的必要条件。总之，社会组织通过其新闻工作不仅实现了自身的透明化运作，也为构建一个更加公开、透明的社会环境贡献了力量。

（三）提高社会组织公信力

社会组织新闻工作在提升社会组织公信力方面发挥着不可替代的作用。通过及时、准确、全面地报道社会组织的活动、成果与影响，社会组织新闻工作不仅展现了组织的正面形象，还增强了公众对组织宗旨、使命和能力的认知与认同。透明化的信息传播机制，让公众能够清晰地看到社会组织的工作成效和社会贡献，从而建立起对其的信任与尊重。这种信任是社会组织持续发展的基石，也是其动员社会资源、实现社会目标的重要保障。通过高质量的新闻工作，社会组织不仅能够有效提升自身的透明度和责任感，还能在公众心中树立起可信赖的形象，为其持续发展奠定坚实的基础。

二、社会组织新闻工作的基本原则与要求

（一）基本原则

信息公开原则：社会组织发布的新闻内容应以法定公开为原则，以不公开为例外，提高新闻工作的透明度，保障社会公众的知情权和参与权。

真实性原则：社会组织新闻工作应尊重事实、实事求是，同时尊重新闻传播规律，做好新闻策划，体现新闻工作的权威性、及时性、准确性。

主管领导负责制原则：社会组织内部工作人员接到媒体的纸质、电话、电邮或当面采访要求时，应及时转给或联络本组织的宣传部门，并按相关规定履行采访程序。涉及本组织领导者的内容，必须征求本人审定同意后刊发或播出。一般工作人员不接受采访，如确有需要，应征得部门负责人同意，并要求媒体在经过本组织领导者审稿后方能刊发或播出。

实施归口管理原则：社会组织的宣传部门负责受理新闻媒体对组织的采访申请。宣传部门负责协调新闻发言人接受采访，相关部门负责提供文字资料支持，采访内容须经本组织主管领导者审核后刊发。

积极主动原则：社会组织应及时、主动发布信息。社会组织的资金主要来源于社会赞助，这要求社会组织必须获得社会公众的关注与支持。为增强公众的了解，社会组织应积极回应公众质疑，澄清事实，答疑解惑，主动引导舆论，维护和谐稳定的舆论环境。

（二）工作要求

坚持正确的舆论导向。推行社会组织新闻发言人制度，必须把正确的政治方向摆在第一位，坚持党性原则，坚持马克思主义新闻观，坚持正面宣传为主，确保正确的舆论导向。

坚持与信息公开制度相衔接。要做好社会组织新闻发言人制度与社会组织信息公开制度的相互补充、相互衔接，通过新闻发言人制度强化社会组织信息公开，推动社会组织治理更加公开透明。

坚持分级分类逐步实施。提倡全国性行业协会商会和具有公开募捐资格的基金会普遍建立社会组织新闻发言人制度；提倡在民政部登记的其他各类社会组织和在省级民政部门登记的各类社会组织建立这一制度；提倡在市、县民政部门登记的各类有条件的社会组织也建立这一制度。

随着互联网技术的飞速发展尤其是智能移动终端的广泛应用，社会组织开展的各项工作如公益项目筹款、项目执行、宣传推广、信息发布等，都处于公众的视野里，因此社会组织在全媒体时代的新闻工作面临全新的工作要求。

扩 展 阅 读

亮点抢先看，第37届中山慈善万人行活动全面启动

2024年1月30日，中山市召开专题发布会，介绍第37届慈善万人行系列活动相关情况。记者获悉，以"博爱中山，与爱同行"为主题的活动目前已全面启动，将持续到2月24日（农历正月十五元宵节）。其中，备受关注的万人巡游将于2月24日举行，一系列龙元素非遗项目将闪耀街头。

据中山市政府副秘书长贾木浩介绍，作为传承人道博爱奉献精神、弘扬文明新风的新民俗活动，中山慈善万人行活动此前已成功举办36届，累计募捐善款超过19亿元，所募集资金参与了医院、学校、安居工程、敬老院等110多项重点公益项目建设，及时有效帮助了数以万计的困境家庭。

据悉，2024年万人行的活动主题为"博爱中山，与爱同行"，系列活动将持续到2月24日，主要包括组织宣传及募捐活动、举办博爱暖心系列活动、举办"元旦嘉年华暨百家企业义

卖"活动、承办中国红十字基金会"红气球挑战赛（大湾区站）"活动、举办"博爱中山"慈善公益晚会、组织巡游和答谢活动、各镇街和单位等自行组织开展特色群众性万人行活动、开发万人行文化宣传品及推出系列宣传报道八个方面。

募捐款物使用方向上，募捐款物主要用于支持中山市长者饭堂建设，开展救援救灾、救护和人道救助等相关工作及红十字事业，以及本市其他慈善公益项目等。

节选自：张德钢，钟轩.亮点抢先看，第37届中山慈善万人行活动全面启动.（2024-01-30）[2024-12-09]. https://cj.sina.com.cn/articles/view/5787187353/158f1789902001nmch.

第二节　社会组织新闻工作制度建设

课程导入

"深喀同心·善行致远"公益计划项目发布会暨深喀产业合作交流会在深圳举行

昆仑三春柳，深喀万里情。2024年3月17日，由深圳市对口支援新疆工作前方指挥部主办，深圳市社会组织总会、深圳壹基金公益基金会承办的"深喀同心·善行致远"公益计划项目发布会暨深喀产业合作交流会在深圳举行。市民政局、市卫生健康委、市国资委、市乡村振兴和协作交流局、市社会组织管理局、市工商联以及市、区两级慈善会等200多名政府部门、公益慈善机构、爱心企业工作人员和爱心人士代表参加会议，共同见证"深喀同心·善行致远"2024年十大公益行动的发布。

"深喀同心·善行致远"公益计划汇聚了来自腾讯基金会、卓越集团公益基金会、深圳美丽园丁教育基金会等80余家深圳爱心企业和公益机构，组织开展了"温暖包""光明行""春蕾计划"等多个具有影响力的公益慈善项目，喀什市受益人群超过20万。

"深喀同心·善行致远"2024年十大公益行动包括"幸福乡村"建设行动、"医路同行"救助行动、"美好校园"建设行动、"特别的爱"帮扶行动、"守护童心"关爱行动、"靓丽人生"赋能行动、"幸福银龄"关爱行动、"安心家园"建设行动、"守护雄鹰"关爱行动和"深喀益桥"支持行动，涵盖31个子项目，覆盖儿童、妇女、老人、残疾人、困难家庭病患、护边员等各类群体，力求通过基金化、项目化、信息化的方式，把善心、善款、善行用于深圳对口支援地区民生最需要的地方，推动公益对接更加精准、落地执行更加高效、覆盖群体更加广泛。

节选自：董非．"深喀同心·善行致远"公益计划项目发布会暨深喀产业合作交流会在深圳举行．（2024-03-18）[2024-12-13]．https://inanshan.sznews.com/content/2024/03/18/content_30808968.htm．

社会组织新闻发言人制度，是指社会组织任命或指定有关人员，就本组织的重要活动、重大事件或热点问题，通过定期或不定期举行新闻发布会、媒体吹风会，接受采访等形式主动回应社会关切的规范性安排。

一、建立和完善新闻发言人制度

（一）制定新闻发言人制度

社会组织要结合自身特点、行业诉求，在业务主管单位、行业管理部门的指导下，根据本组织、本行业的工作重点，制定好本组织的新闻发言人制度。社会组织的新闻发言人制度应明确新闻发布的基本形式、主要内容、工作程序和工作职责，同步建立新闻发布内容和保密审查机制、舆情监测和回应机制、激励和容错纠错机制，确保新闻发布的主题选定、方案制定、内容审查、答问口径把关、对外发布、舆情跟踪、信息反馈、效果评估等工作高效有序进行。新闻发布内容应由社会组织法定代表人或主要负责人把关。

（二）如何提升新闻发布成效

引导社会组织新闻发言人尊重新闻传播规律，创新理念、内容、形式、方法、手段，增强新闻发布的时效；学会综合运用新闻发布会、媒体吹风会、集体采访、网络访谈、答记者问等多种形式，通过数据、图解、案例等喜闻乐见的方式，加强正面宣传；主动适应"互联网+"发展趋势，大力推进对门户网站和"两微一端"（微博、微信、客户端）等的建设；加强舆情搜集、报告和研判，提高新闻发布的针对性。

二、选任和培训新闻发言人

（一）选任新闻发言人

社会组织理事会或常务理事会通过工作程序，任命或指定1名政治可靠、业务精通的负责人为新闻发言人。新闻发言人要讲党性、讲政治、守规矩、有担当，应全面熟悉本组织、本行业的情况，具有较高的政策水平和良好的语言表达、沟通能力。社会组织应为新闻发言人配备必要的工作力量以配合开展相关工作。

（二）培训新闻发言人

在全媒体时代，要培养社会组织新闻发言人，首先要培养新闻发言人与时俱进的全媒体意识，新闻发言人应主动学习新事物，接受新理念，主动接触新媒体；了解新媒体知识，提升新媒体的使用能力，熟练应用新媒体开展新闻工作。

从组织内部看，社会组织可以通过内训的形式，按照组织需要，分层次、分领域选拔有潜力的人员作为储备新闻发言人。

社会组织应全员提升媒介素养。通过专业理论学习、模拟发布演练、舆情应对实战，不断增强社会组织新闻发言人的政策把握能力、舆情研判能力、释疑解惑能力和回应引导能力，确保社会组织主动、及时、准确、权威地发布新闻信息、回应社会关切。

（三）新闻发言人的职责

社会组织新闻发言人的角色定位应是社会组织信息公开的"执行人"、信息传播的"把关人"、形象塑造的"代言人"、舆论引导的"新闻人"。

新闻发言人主要负责组织对重大、敏感问题的回应以及全局性、综合性信息的对外发布。

新闻发言人是社会组织发布新闻信息的责任人，应根据新闻发布有关规定，及时、准确、系统地做好本组织新闻信息公开发布工作，主动引导舆论。组织内其他人员未经新闻发言人授权，不得擅自发布新闻信息。

新闻发言人应及时向理事会或者驻会理事长办公会通报本组织重大举措、重要活动和突发事件，拟定相应的宣传口径和措施并组织实施。

新闻发言人发布新闻信息，其内容和口径须经社会组织的领导班子集体研究确定，必要时提交理事会或者驻会理事长办公会讨论通过。

建立社会组织重要信息预警和舆情监控机制，研究、掌握舆论导向及境内外媒体有关报道情况，及时向社会组织领导者通报并有针对性地做好相关工作。

扩 展 阅 读

第十届中国国际养老服务业博览会将于5月在京举办

2024年5月21日，第十届中国国际养老服务业博览会筹备工作新闻通报会在京召开。本届博览会将于5月21日—23日在北京举办，届时将有来自法国、荷兰、英国、加拿大等10多个国家和地区的220多个政府部门、社会组织、品牌机构参加。

据悉，本届博览会将聚焦老年人日益增长的养老服务新期待和培育养老新业态的需求，设立国际养老服务品牌展区、国内养老服务品牌展区等，并聚合国际优质资源举办论坛和相关活动，促进国内外行业交流合作，引领行业创新发展。

本届博览会主论坛将聚焦养老服务创新理论研究和工作成果，以及推动银发经济发展，探索积极应对人口老龄化的新模式，邀约相关政府部门、行业管理部门负责人建言献策。此外，博览会将聚焦养老服务人才队伍建设，设置养老服务人才培养展区，集中展示学历教育和职业技能等级培训相衔接的养老服务人才队伍建设成果。聚焦老年群体消费、银发经济投资等多元化服务需求，博览会将推出长者时尚生活展区、老年健康食品展区、老龄金融服务展区、互动体验展区，展示适合老年人的用品、家具、辅助设备及服务。

节选自：马丽萍.第十届中国国际养老服务业博览会将于5月在京举办.中国社会报，2024-04-11.

第二节 社会组织的新闻发布

课程导入

"聚焦社会组织新风采 传递社会组织正能量"
系列采访采风活动在京启动

2023年3月31日,由民政部社会组织管理局主办的2023年"聚焦社会组织新风采 传递社会组织正能量"系列采访采风活动启动仪式暨首期活动在京举行。

该活动是民政部社会组织管理局贯彻落实党的二十大精神的实际行动,主要围绕社会组织服务中小企业发展、乡村振兴、稳企稳市场、科技创新、慈善事业、统一战线、基层治理等主题,邀请《人民日报》、新华社等14家中央及民政部部属媒体记者深入社会组织,挖掘典型、总结经验、凝练亮点,讲述社会组织好故事、传播社会组织好声音、传递社会组织正能量。

首期活动主题为行业协会商会类社会组织助推中小企业发展。活动中,中国中小商业企业协会、中国中小企业国际合作协会等8家全国性行业协会介绍了本单位近年来服务企业发展、落实助企纾困、发挥桥梁纽带作用等方面的工作情况。

该活动希望通过系列采访采风活动深挖社会组织新闻宣传报道点,讲述社会组织精彩好故事,充分展示社会组织在服务中小企业发展、国家经济建设和社会发展中发挥的重要作用,推动全社会持续加深对各类社会组织的认识了解,共同营造推动我国社会组织持续发展的良好社会环境。

节选自：赵宇新．"聚焦社会组织新风采 传递社会组织正能量"系列采访采风活动在京启动．中国社会报，2023-04-03．

一、新闻发布的形式

社会组织日常新闻发布主要依托本组织的官方网站、社交媒体，以及接受媒体采访，召开新闻发布会、媒体吹风会等。组织遇到突发公共事件时，要根据事件内容的重要程度确定发布方式，考量因素包括新闻发布主题、新闻信息的舆论关注度、新闻信息的重要性。

（一）通过官方网站发布新闻信息

无论是基金会还是社会团体、社会服务机构，官方网站都是社会组织信息公开的主要渠道之一，同时也是组织开展日常新闻宣传工作的重要平台，是组织进行舆论引导、发布官方声明的重要阵地。

（二）通过社交媒体平台发布新闻

随着移动互联网时代的到来，社交媒体的影响力进一步扩大，已经是开展新闻发布工作不可忽视的重要平台。利用社交媒体平台应从科学管理、善于运营、总结提高三个方面入手。

（三）接受媒体独家专访或集体采访

独家采访是指通过主动约见或应邀约见，安排独家媒体发布信息。

集体采访是指约见多家媒体记者统一采访。一般由社会组织负责人或新闻发言人出面介绍情况，接受提问，诠释观点。

（四）召开新闻发布会、媒体吹风会

召开新闻发布会和媒体吹风会是所有新闻发布形式中最正式的，通过新闻发布会可及时、公开地传递组织重要信息，增强公众透明度，树立良好社会形象；促进与媒体及公众的有效沟通，解答疑问，消除误解；也是展示组织成果、规划未来发展蓝图的重要窗口，有利于提升社会影响力与公信力。

二、新闻发布的流程

无论是通过各类媒体，还是召开新闻发布会、媒体吹风会，社会组织采访活动的发布都应包含以下基本环节：准备策划、发布执行、效果评估。

（一）准备策划

1. 确定发布主题

新闻发布主题的设计，应力求将"社会组织要说的、媒体关注的、公众关心的"三点合一，符合新闻传播规律，以求达到最佳传播效果。

2. 确定发布形式

面对日新月异的信息技术手段与复杂多变的舆论环境，仅依靠"单一手段、一次发布"进行新闻发布，往往收效甚微。社会组织应根据实际工作需要和自身公益项目受益人群进行精准定位。综合运用多种发布形式，比如同时用官方网站、微博、微信公众号、视频号等进行发布，可以起到事半功倍的效果。

3. 确定发布人

要根据发布主题、发布形式确定新闻发布人，新闻发布人通常是本单位主要负责人、部门负责人、新闻发言人，也可以是相关领域专家等。遇有重大突发事件、重大社会关切，新闻发布人要带头

接受媒体采访、出席发布会，表达立场态度，发出权威声音，做好"第一新闻发言人"。

4. 选择发布时机

社会组织遇到重大突发事件时，应尽量在4小时之内发布权威信息，24小时内举行新闻发布会或通过各类媒体发布声明。

5. 确定发布平台

社会组织日常新闻发布主要依托官方网站、微信公众号、微博、视频号等。当组织遇到突发公共事件时，要根据时间、内容的重要程度确定发布平台，考量因素包括新闻发布主题、新闻信息的舆论关注度、新闻信息的重要性。对于规模比较大的社会组织，舆情的发生地往往在外地，各省、市、县的执行机构，受益者本人所在地，此时应根据分层响应机制确定发布平台，按照"属地管理、分级响应"的原则。

6. 舆情监测与研判

结合发布主题和相关事件进行舆情监测与研判是新闻发布活动前期准备工作中最为重要的部分，也是拟定各种发布内容的前提。社会组织应根据拟发布的内容主题，将相关媒体报道和舆论情况进行汇总、分析，并对记者可能提出的问题进行预测。还要对公众关心的问题和对相关新闻可能的反应进行调查和预测，根据结果不断完善发布内容。

7. 准备发布材料

提供给媒体的备用材料应包括：（1）发言稿和新闻通稿；（2）事实资料；（3）背景介绍；（4）音、视、图。其中，丰富的材料表现形式可提高感染力、说服力，增强传播效果。

（二）发布执行

以新闻发布会为例，对发布厅的场地没有硬性要求，但要有序划分为发布区、记者区、工作人员区、媒体签到区。工作人员岗位职责不一定"一人一岗"，可酌情增减，但一定要保证相关工作能够顺利开展。

（三）效果评估

社会组织的宣传部门可采用自行评估或第三方评估的方式，负责对新闻发布活动的全过程进行动态评估，使新闻发布形成一个良性的"反馈链条"。社会组织新闻发布结束后应立即安排新闻发布专家或学者对发布框架的拟定、新闻发言人现场表现、媒体报道情况等方面进行全方位、综合性的评估，将相关信息及时反馈给活动负责人和新闻发言人。

三、新闻发布的内容

社会组织新闻工作主要分为日常的新闻宣传、应急管理两部分。日常工作主要是指制作组织需要主动公开宣传的内容，以正面宣传为主；应急管理则是指遇到重大突发事件、舆情风险和公众关切时，社会组织需要予以回应。

（一）新闻发布内容

组织的常规信息：（1）基金会、社会团体、社会服务机构依法开展的各项业务的工作信息，包括组织的基本情况、组织框架、理事会成员以及理事会召开情况等内容；（2）内部管理制度等信息，包括组织的章程、财务管理办法、项目管理办法、重大事项报告制度等内容；（3）组织的项目开展情况，包括项目执行、效果评估等相关情况；（4）组织的工作动态，包括日常工作、对外合作、捐赠活动、项目开展、公益活动等情况；（5）组织其他需要公开报道的信息。

组织的重大活动：需要社会公众广泛知晓或参与的，媒体集中关注的，由组织发起、主办或承办的大型活动。

社会热点：属于本组织职责范围内应公开说明情况的，社会公众已经或有可能关注的事件、话题。

突发事件：与本组织密切关联的自然灾害、公共危机等突发性事件的信息发布，包括事件中与本组织相关的基本情况、组织所采取的措施以及提示公众应注意的事项等。

在公报、公告等形式之外需要进一步解释和说明的内容。

其他依照法律、法规和国家有关规定应开展新闻发布的内容。

（二）新闻发布形式的确定

社会组织进行新闻发布的具体内容和发布形式一般情况下由新闻发言人决定，重大新闻发布由组织的领导者或理事会商议决定。

通过新闻发布会、记者招待会、新闻通气会发布新闻信息。当社会组织有重大事项需向媒体发布或有突发事件发生时，可根据实际需要举行新闻发布会。根据组织重点工作进展情况或行业突发事件处置工作的需要，有针对性地安排专题新闻发布会或新闻通气会。新闻发言人可以通过新闻通气会的形式，向媒体通报对本组织影响较大的事项或活动的有关情况。

通过互联网（官方网站、微信、微博、视频平台等）发布新闻信息。全媒体时代，社会组织的新闻发布应适应"互联网+"发展趋势，创新新闻发布方式，强化门户网站、微信等新媒体传播渠道建设，增强新闻发布的主动性、及时性、准确性和有效性。

通过书面形式发布新闻通稿。本组织的工作动态、重大事项、突发公共事件等时效性强的信息，由社会组织的宣传部门提供新闻通稿，经新闻发言人及组织领导者审核后，提供给新闻媒体。

通过接受记者采访、向新闻媒体和广大公众发表谈话发布新闻信息。

借助新媒体开展社会组织新闻发布工作可以极大降低运营成本，在新媒体时代，社会组织应加强新媒体平台建设和人才培养。

扩展阅读

如何接受记者采访

（1）评估采访需求。

社会组织宣传部门或负责对接参访工作的负责人，应要求采访媒体提供采访提纲，评估采访需求，将相关情况汇总后及时向上级领导汇报、向受访者反馈。

（2）准备接受采访。

社会组织新闻发言人接受采访时首先应确立基本规则与底线。应尽量采用面对面的采访形式，避免远程连线或电话采访。采访前应与媒体约定采访问题、数量、时间长短等核心内容。

（3）拟定采访问题及答问口径。

社会组织新闻发言人或宣传部门负责相关工作的人员，应根据以下问题提前准备答问口径，具体包括：

媒体和公众亟须了解哪些事实信息？

当前舆论的主要观点和倾向是什么？

记者提出的问题和角度分别是什么？记者忽略了哪些事实？记者是否有明显的态度倾向？

这家媒体的受众群体是什么？如何表达会更容易为他们所接受？

在这个新闻事件中是否还有别人也接受了采访？

在采访中要着重强调哪些重点信息？

要准备哪些故事、数据和可被媒体反复使用与公开的精彩语句？

（4）准备"三张纸"：关键口径单、标题句列表、要点验收单。

思考题

1. 社会组织的新闻工作有哪些重要作用？
2. 如何选任和培训社会组织的新闻发言人？
3. 社会组织日常的新闻发布有哪些形式？请简述新闻发布前需要准备哪些内容。

模拟情景练习

假设你是一名具有公开募捐资格的基金会的新闻发言人，准备就该组织成立30周年的系列宣传活动召开媒体吹风会，请草拟媒体吹风会的准备流程及发布会的发布内容。

参考文献

[1] 崔秀朋，翁晓晖. 社会组织信息公开的实践与思考：以宁波市为例. 中国社会组织，2016（19）.

[2] 民政部将推动社会组织建立新闻发言人制度. 学会，2016（8）.

[3] 徐富海. 民政部推动社会组织建立新闻发言人制度. 中国民政，2016（14）.

[4] 程楠. 建立新闻发言人制度 讲好社会组织故事：访民政部民间组织管理局副局长安宁. 中国社会组织，2016（12）.

第十章
社会组织舆情管理

学习目标

1. 学习舆情、舆情管理的基本概念
2. 了解全媒体时代的社会组织舆情传播特点与发展态势
3. 掌握社会组织的舆情风险管理
4. 理解社会组织口径库管理

第一节 社会组织舆情管理综述

课程导入

最高法出手！依法惩治自媒体造谣诽谤公益项目"蚂蚁森林"

2023年10月16日，最高法召开新闻发布会，发布了包括自媒体诽谤"蚂蚁森林"案在内的，涉民营企业、民营企业家人格权保护的典型案例。

  2021年5月6日，被告某文化公司在其运营的微信公众号上发布文章，称"蚂蚁森林"利用全国用户积攒碳排放指标，再将排放指标卖给重污染企业，帮助重污染企业污染环境。该文章发布后，阅读量超7万余次，引发不少读者留言质疑。

  此后，某文化公司又将案涉文章转发于其在今日头条等平台运营的多个自媒体账号中。2021年5月8日，网络自媒体某传媒公司也在其微信公众号等多个自媒体账号中转发了案涉文章。蚂蚁集团曾就案涉事件发布澄清说明，并向某文化公司、某传媒公司发送律师函，但收效不佳，遂以两公司侵犯名誉权，损害"蚂蚁森林"绿色公益项目声誉为由提起诉讼。

  事实上，社会公众在"蚂蚁森林"小程序中种下虚拟树后，蚂蚁集团将通过公益捐资的方式将相关款项交由合作方中国绿化基金会等公益组织进行实际种植，蚂蚁集团对"蚂蚁森林"项目种下的绿植不享有财产性权利，更不会因此而获得碳排放指标，并且从未以此进行过碳汇交易。审理法院认为，"蚂蚁森林"项目的合法权益应该受到法律保护，被告所经营自媒体发布的案涉文章内容与客观事实不符，遂依法判决两被告停止侵权、删除案涉文章、公开赔礼道歉、消除影响并赔偿经济损失。

  节选自：陶野. 最高法出手！依法惩治自媒体造谣诽谤公益项目"蚂蚁森林". (2023-10-17) [2024-12-13]. https://www.bjnews.com.cn/detail/1697530453168647.html.

一、舆情管理的概念

  舆情是"舆论情况"的简称，是人们对于感兴趣的重要话题所表达的立场、态度、观点、情绪等的总和。舆情管理是基于组织有关的舆情信息进行监测、分析、研判、报告并采取必要的干预的全过程。

社会组织想要做好舆情管理工作，就应了解舆情的特点与态势，重点关注舆情的类型，掌握舆情管理的常用工具。

二、全媒体时代的舆情风险

（一）舆情传播特点

一是传播迅速：与传统媒体相比，全媒体时代的信息传播速度极快，任何新闻事件都能迅速通过网络传播至全球各地，形成热点。

二是交互性强：信息传播由单向变为双向，传播者和受众之间的交互性显著增强。网民可以通过网络终端平台对新闻事件进行评论、交流，形成多层次的互动。

三是信息量大：每天都有海量的信息发布，包括新闻报道、社交网络、公众号等正式渠道的信息，以及论坛、评论区等非正式渠道的信息，还有各种图片、视频等多媒体信息。

（二）舆情发展态势

舆情发展分为舆情潜伏期、舆情爆发期、舆情宣泄期、舆情回落期四个阶段。

舆情潜伏期的工作要点包括舆情监测、风险研判、排查隐患、预测问题、准备口径、及时发布；其中的舆情研判四要素为研判时间、利益攸关方、事因主要矛盾，以及冲突的角色是否有明显的道德失范、法律失范。

舆情爆发期的工作要点包括立即启动应急响应机制，做好新闻发布和舆论引导工作。其中新闻发布中舆论引导的六原则为情报与定性优先的原则、第一时间与主动性原则、公开透明与针对性原则、口径与核心信息一致原则、阶段性与合理性原则、公众利益与人文关怀原则。

(三)舆情类型

社会组织可能遇到的舆情类型包括但不限于以下几种：

一是社会组织发布的行业宣传存在误解误读的；

二是涉及社会组织声誉或公众切身利益且产生较大影响的（例如互联网诈捐、善款使用、组织公开信息存在重大错误、组织品牌被冒用、公益项目执行、组织负责人个人形象等）；

三是涉及民生领域及严重冲击社会道德底线的；

四是涉及突发公共事件处置和自然灾害应对的；

五是业务主管和登记管理部门要求社会组织主动回应的。

(四)舆情管理中存在的问题

全媒体时代的舆情管理中主要存在以下三个问题。

一是观念上不更新。体现在社会组织相关负责人心理上不敢说，不愿说；行动上多做少说，只做不说，不逼不说；态度上忽视、轻视甚至排斥媒体。

二是机制上不完善。大部分社会组织建立了新闻发布制度，在建立舆情管理机制、突发事件应急舆论引导预案、舆情风险评估机制上尚需完善。

三是能力上不适应。社会组织负责人面对媒体不会说，不善说；一些组织内部存在信息茧房，造成组织内部各部门横向沟通不畅通，突发事件后的信息核实机制有待完善，工作理念不适应、工作机制不完善、舆情回应不到位、回应效果不理想。

三、舆情管理常用工具

舆情管理的工具和技术主要包括以下几种：

(一)舆情监测工具

舆情监测工具是舆情管理的基础工具之一，可以通过监测和分析各种媒体、渠道和互联网平台上的信息，及时发现和掌握舆情动态及趋势，为后续的舆情应对和处理提供依据。

（二）数据挖掘技术

数据挖掘技术是舆情管理的重要技术之一，可以通过分析和挖掘大量数据，发现隐藏在数据中的信息和规律，为舆情管理提供精准的分析和预测。常用的数据挖掘技术包括文本挖掘、情感分析、关系网络分析等。

（三）人工智能技术

人工智能技术是舆情管理的新兴技术之一，可以通过模拟人类智能的方式，对舆情信息进行分析、判断和预测，提供智能化、自动化的舆情应对和处理方案。常用的人工智能技术包括机器学习、深度学习、自然语言处理等。

（四）社交媒体管理工具

社交媒体管理工具是舆情管理的重要工具之一，可以通过管理和控制社交媒体上的信息，避免虚假、误导、恶意信息的传播，维护公众的合法权益和社会的稳定。

（五）网络安全技术

网络安全技术是舆情管理的重要保障之一，可以通过监测和控制网络安全漏洞和风险，防范网络攻击和破坏，维护网络的稳定和安全。常用的网络安全技术包括防火墙、入侵检测系统、数据备份和恢复等。

社会组织舆情管理的工具和技术需要根据具体的舆情事件和管控目的进行选择和应用，综合使用各种工具和技术，提高舆情管理的效率和准确性。

扩展阅读

某环保组织因数据问题引发信任危机

案例描述

某环保组织近期发起了一项旨在保护当地水源的行动,却因宣传材料中的部分数据不准确,引发了公众对该组织专业性和诚信度的质疑。网络上出现了大量负面评论,甚至有网民发起抵制该组织的活动,舆情迅速发酵,给该组织带来了前所未有的压力。

应对要点

迅速回应:在舆情爆发的初期,该组织立即成立危机应对小组,通过官方网站和社交媒体平台发布声明,对公众的质疑表示歉意,并承诺尽快核查相关数据。

深入调查:组织内部迅速展开自查,对宣传材料中的数据进行逐一核对,同时邀请第三方机构进行独立评估,确保信息的准确性。

公开透明:在调查结果出来后,组织第一时间向公众公布了准确的数据和评估报告,并就之前的不准确信息向公众道歉,承诺未来会完善信息审核流程。

积极沟通:组织主动与媒体和网民进行互动,解答疑问,消除误解,通过线上线下的座谈会、公开信等形式,展示组织的使命和成果,重塑公众形象。

后续跟进:在舆情得到一定的控制后,该组织继续加强内部管理,完善信息发布机制,同时加大对环保行动的投入,以实际行动回应公众期待。

面对舆情危机,该环保组织通过迅速回应、深入调查、积极沟通和后续跟进等一系列措施,有效化解了危机,恢复了公

> 众信任。这一案例表明，在应对舆情时，及时、透明和负责任的态度是化解危机的关键。

第二节 舆情风险管理

课程导入

《慈善组织透明度评价指南》团体标准发布 探索慈善组织公信力建设新路径

2024年4月，中国慈善联合会正式发布《慈善组织透明度评价指南》团体标准。该团体标准由广州市慈善服务中心、广州市慈善组织社会监督委员会完成。

据悉，为进一步确保该团体标准的科学性和操作性，广州市慈善服务中心、广州市慈善组织社会监督委员会在中国慈善联合会、广州市民政局的指导下，根据《中华人民共和国慈善法》《慈善组织信息公开办法》等相关法律法规，以标准化为切入口，广泛征集慈善领域专家团队、慈善组织等多方意见，结合广州地区6年以来慈善组织透明度评价工作经验，经多次修改和完善制定了此标准。

从2017年至2024年，广州地区慈善组织透明度评价工作已走过了7个年头。透明度评价也已成为广州慈善的一大特色品牌与广州慈善组织评估制度的重要组成部分。每年通过对上一年度慈善组织的透明度情况进行"健康体检"，找出慈善组织透明度建设中的进展与不足，提出慈善组织公信力建设的对策建议，有效促进了慈善组织的健康发展。

节选自：陈赞亮，李国全，张萌.《慈善组织透明度评价指南》团体标准发布 探索慈善组织公信力建设新路径.（2024-04-28）[2024-12-13]. http://cxzg.chinareports.org.cn/cxzg/news/49564.html.

一、舆情风险管理机制

社会组织舆情风险管理是社会组织做好新闻工作的重要组成部分，舆情风险管理机制主要包括组织和人员机制、舆情搜集与研判机制、舆情报告与风险评估机制、舆论引导机制。

（一）组织和人员机制

社会组织应成立专门的"舆情风险管理工作组"（简称"工作组"），一般由秘书长任组长，分管副秘书长任副组长，各部室负责人为工作组成员，法律专家、政策专家、传播专家为工作组顾问。工作组办公室设在社会组织宣传部门。

（二）舆情搜集与研判机制

日常工作中，社会组织宣传部门负责管理、使用舆情监测数据平台，对舆情进行实时预警和数据搜集。采取常态监测、预警监测、突发事件应急监测等处置机制，实现舆情实时汇总，敏感信息实时预警；一旦发现突发舆情，随时上报相关舆情信息，并启动突发事件应急管理流程。工作组成员应保持24小时电话畅通，随时报送敏感舆情信息。

（三）舆情报告与风险评估机制

舆情报告分为日常舆情报告和突发事件报告。日常舆情报告工作通常是指舆论管理工作组成员发现舆情，第一时间向宣传部门沟通信息，由社会组织宣传部门初步研判后向秘书长报告，秘书长负责向业务主管单位报送舆情报告。对于突发舆情事件（指在网络上广泛传播、媒体和公众反响强烈、社会影响恶劣的舆情事件），应启动突发事件应急管理流程。

（四）舆论引导机制

舆论引导工作应由工作组组长统一指挥开展。日常的舆论引导工作是指由社会组织宣传部门整理舆情报告（月报和专报）上报组长（秘书长），研究制定舆论引导策略和方法。发现突发事件舆情时，应启动突发事件应急管理流程。

二、舆情管理工作

（一）日常舆情管理

日常的舆情管理工作包括对舆情的搜集、分析、研判、核实、回应，是社会组织进行新闻宣传的基础。舆情管理工作是社会组织防患于未然的基础，应重点做好以下三个方面。

（1）舆情搜集与风险研判。由宣传部门设专人负责舆情搜集与研判工作，舆情研判应采用定量与定性结合的原则。判断是否是单一或复杂事件；是否为开放或封闭话题；判断时间、原因和责任方主体；利益相关方有哪些；报料人是否为当事人；由宣传部门与业务部门共同对舆情进行风险评估和舆情分析研判，必要时请传播专家给予指导，制定回应方案。

（2）由宣传部门与业务部门和媒体（或网友）保持联络，对信息的真实性按规定进行核准。

（3）积极回应热点关切。在本组织已有的口径库、素材库、案例库的基础上，由业务部门拟定、宣传部门润色、法务部门把关，报请领导组审核后对外进行信息发布和舆情回应。

（二）突发事件处置与舆论引导工作

1. 风险评估

由宣传部门负责人初步甄别舆情态势，对舆情进行风险评估和分类处置，对突发事件的舆情风险评估工作实行三步走工作法：

第一步，由宣传部门迅速搜集相关信息、客观识别信息来源，判断内容的真实性和关注群体的属性。

第二步，对于社会关注度不高但经研判有可能成为风险隐患的舆情，应及时给予直接责任单位处置和预警提醒，若责任单位或合作机构已经妥善处理，保持关注暂不回应；对于会对组织品牌形象产生不良影响的信息，应及时澄清谬误、明辨是非，避免发展为舆情事件。

第三步，对于社会关注度高、公众反映强烈的舆情，宣传部门由专人以舆情快报的形式汇总舆情信息，列出风险清单和风险等级，预测舆情走势，提出处理建议。

2. 应急响应

由社会组织分管领导成立舆情应对工作小组，全程跟踪处理紧急情况。持续密切关注舆情态势，为业务部门提供信息支持，并及时获得媒体和业务部门的反馈；在领导者决策和准备口径期间，必要时可邀请传播等方面专家对危机时期的传播策略做出指导；有舆情突然升级、加重的情况，要及时汇报分管领导。

3. 形成回应方案

确定需要发布的信息和发布形式。工作小组负责对信息的真实性进行核准，对内容的一致性负责，对媒体记者的采访应统一口径；根据回应条件是否成熟决定回应内容和形式；事实清楚、措施明确，尽量全面回应；事实清楚、措施不明，做原则性表态回应；事实不清、存在误解，及时澄清事实、消解误会。

4. 舆论引导

对于一般性舆情，社会组织应在12～24小时内进行回应；对于持续发酵且涉及面广、影响重大、关注度高的重大舆情，需再次请示上级主管部门并在24小时内发声。

5. 追责善后

社会组织应持续关注并掌握发声后的舆论走向，对于发声后舆情影响减弱、消失的事件，可继续关注，不再处理；对于发声后舆情负面影响依然较大的事件，继续采取上述各种引导措施进行引导。

6. 总结与形象修复

在该阶段组织要保持跟踪式的后续信息发布，总结内容包括遗留问题处理的进展情况、组织内部整改情况、对公众承诺的措施的落实情况、相关涉事人员的处理情况等。必要时由应急小组负责人组织召开舆情复盘与分析总结会。

扩 展 阅 读

社会组织如何开展突发事件信息发布

新闻发布会比较正式，适合发布重大和核心性的信息；新媒体发布比较便捷，随时发布，适合抢占发布的速度；其他形式的发布则相伴其间，体现主动、积极、灵活的媒体服务特点。

总而言之，就形式而言，新闻发布最重要的是主动控制下的无时不在和无处不在，以达到拓展传播渠道的最大效果。

那么，该如何召开突发事件新闻发布会呢？

突发事件是指突然发生，造成或者可能造成严重社会危害，需要采取应急处置措施予以应对的自然灾害、事故灾难、公共卫生事件和社会安全事件等。

召开突发事件新闻发布会应坚持以下原则和技巧：

原则：召开突发事件新闻发布会，要坚持第一时间、以人为本、真实客观、滚动发布、统一出口等原则。

技巧：在事发现场举办新闻发布会应牢记表明态度立场优先，切忌被动回应的错误做法，展现正面形象；主动为到场记者提供机会，引导舆论走向。

注意事项：第一，社会组织在突发事件发生后，应第一时间确定该事件的新闻发言人；第二，新闻发言人要全程参与到突发事件的决策过程中，以掌握全面、真实、准确的信息；第三，新闻发言人要重视突发事件的发布口径，可亲自参与口径制定与打磨工作；第四，突发事件新闻发布会中的主持人、发言人、工作人员都要在形象塑造上充分顾及受害方及公众情绪，做到庄重、严肃、朴素、得体。

第三节　社会组织口径库管理

课程导入

慈善法修改，助推慈善组织公信力提升

2023年12月29日，第十四届全国人民代表大会常务委员会第七次会议通过了修改《中华人民共和国慈善法》(简称《慈善法》)的决定。这次《慈善法》的修改坚持问题导向，针对慈善组织内部管理不规范、信息不透明等问题，加强了对慈善组织的监管和信息公开要求，提高了慈善组织的透明度和公信力，以确保善款能够得到合法、合规使用，同时让慈善机构的公信力得到不断提升。

2016年《慈善法》实施后，民政部建立了民政一体化政务服务平台，各地也进行了相应的探索，新修改的《慈善法》再次明确规定："国家建立健全慈善信息统计和发布制度""国务院民政部门建立健全统一的慈善信息平台，免费提供慈善信息发布服务""县级以上人民政府民政部门应当在前款规定的平台及时向社会公开慈善信息""慈善组织和慈善信托的受托人应当在本条第二款规定的平台发布慈善信息，并对信息的真实性负责"进一步加强了慈善领域的信息公开，全面推进和打造阳光慈善。

节选自：刘瑜.慈善法修改，助推慈善组织公信力提升.民主与法制，2024（8）.

一、基本概念

（一）口径

口径是指社会组织对于某个重要问题简洁准确的事实说明、态度表达和措施应对。口径通常是针对媒体比较关注的、比较重要的、比较难以回答的"棘手"问题等制定的专用答问参考。

口径的来源有两个方面：一是通过舆情调研得到重要问题的权威回答；二是从答问参考库中直接调取相关主题的答问参考。在口径制定实际工作中，要着重处理好以下两个关键点：一是口径应事先拟好并经相关部门领导者审阅同意，涉及其他单位或部门的，还应沟通确认，确保发布信息的准确一致；二是对有可能涉及保密的信息，要依法合理界定涉密范围，对应当保密的信息，要做好保密工作。

（二）口径库

口径库又称答问参考库，是对某些重要问题标准回答的汇总。通过长期积累，这些重要问题的回答形成了一个内容库，让社会组织在对外发布前能够按照类别、事件、部门、时间等要素进行检索。

社会组织的口径库建设是个长期的工作，需要建立一套完善的制度，确保答问参考库的日常维护和不断更新，从内容和技术上支持新闻发布工作的正常推进。

（三）口径拟定

完整的口径拟定工作，应包括准备、拟定、打磨三个阶段。

准备阶段通常由社会组织授权宣传部门组织开展，根据舆情收集情况与媒体沟通，预测舆论感兴趣的问题和可能涉及的本领域热点问题。然后各业务部门根据预测问题准备基础资料，资料应尽量完整、权威、具有时效性。

拟定阶段是指组织根据基础资料拟定回应口径，尽量将重要信息放在开头处。同时，最好将口径中最为重要的信息或最想发布的内容拟成"标题句"，并形成记者可以直接当作报道标题使用的、令人过目不忘、朗朗上口的语句。

打磨阶段是指口径拟定完成后需要请媒体专家、相关部门及主要领导者润色把关。媒体专家主要负责对口径进行语言、新闻性、表达技巧上的提高；相关部门主要审核口径的专业性、准确性；主要领导者对口径进行最后的审定、把关，以确定是否可以使用。

二、口径库工作建议

根据社会组织的工作现状，推荐首先建立口径库，形成基础后每年补充更新，当口径达到一定规模时，如确有需要，再对口径库进行升级换代。

根据口径内容侧重，建议将最终产出的全部口径按照基础口径、重点口径、敏感口径三类进行汇编。基础口径以社会公众的疑问为主，重点口径以社会组织希望广泛宣传的公益项目、活动和媒体及相关专家关注的焦点问题为主，敏感口径则对应内容高度敏感、容易引发争议或质疑的问题。

根据社会组织类型和管理情况，建议按照机构和公益项目口径两个层级分别收集问题，最终口径也可适当按此归类，方便工作部门快速查找。

三、工作方案

从零起步建设新闻发布口径库，应按照四个工作步骤进行，即"汇总问题—准备答案—改写口径—汇编成册"。

（一）汇总问题

按照基础口径、重点口径、敏感口径三个类别的设计，可从公众、媒体、组织内部管理（含项目管理）及相关专家等渠道初步收集问题。公众疑问可通过梳理组织近年舆情事件中的公众反馈获得，媒体和专家关注的问题可通过调研等形式收集整理，组织及项目管理相关问题由相关部门的工作人员汇总提供。可参考以下社会组织常见风险梳理问题。

项目风险：包括项目执行、效果预期、合作机构等。
财务风险：包括善款管理、人员工资、报销明细等。
道德风险：包括员工丑闻、诚信实践、社会责任等。
安全风险：包括安全事故、人员伤亡、疾病传播等。
法律风险：包括守法情况、履约情况、信息公开等。

（二）准备答案

问题收集完成后，通常由社会组织宣传部门及项目管理工作人员提供初步答案，根据提问内容针对性作答；应尽量提供数据、事例等具体信息，避免内容空泛；细节信息（如政策性文件、数据等）须准确。

（三）改写口径

有条件的社会组织可以委托专家组对社会组织提供的初步答案进行全面改写，形成口径。口径内容应真实准确简洁，回答问题关键，具有易读性，符合公众认知，并适度提炼标题句、标注关键词。

（四）汇编成册

口径改写完成，按照社会组织相关规定审核后，结合组织的内部管理和工作分工对最终问题再分类，汇集成册并附口径使用指南。

扩　展　阅　读

某社会组织用AI制作儿童画像用于募捐，网友了解真相后表示质疑，为此，该社会组织起草了一份情况说明。

情况说明

尊敬的公众及各位网友：

近期，有关我组织使用AI技术制作儿童画像作为募捐活动宣传材料的信息引起了广泛讨论与质疑。现将情况说明如下：

我组织在最近的一次募捐活动中尝试采用AI技术生成儿童画像。这些画像并非基于任何真实儿童的形象，而是通过AI算法自动生成，旨在象征性代表需要帮助的儿童群体。我们的初衷是希望通过创新的方式，在尊重隐私的前提下，唤起公众对弱势儿童群体的关注与支持，但对技术的应用没有进行清晰的标注，缺乏与大家的沟通，造成了误解和不信任，对此我们深表歉意，目前，已删除和下架AI生成的图片。

下一步，我们将加强信息公开，在未来的募捐活动中，我们将明确标注图片的来源，避免类似问题再次发生。建立更加完善的反馈机制，及时收集并处理公众的意见和建议，以便改

> 进我们的工作。
>
> 　　最后，再次感谢大家的监督与建议，我们将加强管理、提升服务，为关爱儿童事业贡献我们的力量。
>
> 某社会组织 2024 年 10 月 18 日

思考题

1. 社会组织舆情管理的常用工具有哪些？
2. 社会组织突发事件处置与舆论引导工作的步骤是什么？
3. 什么是口径、口径库？社会组织口径拟定的步骤是什么？

模拟情景练习

　　某微信公众号深夜发布两篇文章，质疑某慈善基金会"扶老助弱关怀计划"的善款去向与项目执行情况。假设你是该慈善基金会的负责人，并将接受媒体采访，请提前预测五个采访问题并编写口径答案。

参考文献

［1］沈新华，马树海. 社会组织登记管理机关舆情应对策略与机制初探. 中国社会组织，2015（9）.

［2］董关鹏. 社会组织新闻发言人工作指南. 北京：中国社会出版社，2020.

［3］张玉亮，杨英甲. 社会组织参与突发事件网络舆情治理的角色、功能及制度实现. 现代情报，2018，38（12）.

［4］杨英甲. 社会组织参与突发事件网络舆情治理研究. 焦作：河南理工大学，2019.

第十一章 社会组织品牌建设

学习目标

1. 了解社会组织品牌概念与品牌功能
2. 学习社会组织品牌的提升路径
3. 学习社会组织品牌建设与价值提升

第一节 品牌建设综述

课程导入

强化培育扶持 内蒙古每年打造 10 个以上社会服务知名品牌

2023 年 3 月 20 日,记者从内蒙古自治区社会组织管理工作厅际联席会议上获悉,为推动社会组织高质量发展,内蒙古将强化培育扶持，激发社会组织活力，到2025年，形成结构合理、功能完善、竞争有序、诚信自律、充满活力的社会组织发展格局。

落实培育扶持政策方面，将扩大政府向社会组织购买服务的范围和规模，各级政府新增购买服务支出部分，向社会组织购买比例原则上不低于30%。积极开展社会组织免税资格认定和公益性捐赠税前扣除资格确认工作，落实非营利组织免税资格、公益性捐赠税前扣除资格优惠政策。

加快建立社会组织孵化体系方面，将通过政府购买服务或引入社会资金等方式提供资金保障，逐步建设覆盖自治区、盟市、旗县（市、区）的社会组织培育孵化体系。孵化基地和孵化园要向入驻的社会组织提供办公场地和专业培训、项目指导、公益创投等服务，并严格规范管理，带动入驻的社会组织健康有序发展。鼓励高等学校、科研院所在社会组织孵化园建立社会实践基地，推动社会组织创新发展。

节选自：魏全民. 强化培育扶持 内蒙古每年打造10个以上社会服务知名品牌. （2023-03-20）[2024-12-12]. https://nm.cnr.cn/xinwensudi/20230320/t20230320_526188501.shtml.

一、社会组织品牌的概念与功能

（一）社会组织品牌概念

社会组织品牌是由社会组织的标识、身份形象、组织使命、发展理念、价值观、公信力、项目名称、公众知晓度、员工情感认同、服务独特性等要素组成的无形资产。

（二）社会组织品牌功能

第一，获取资源支持和加强社会信任。社会组织不以盈利为目的，而以公共利益为使命，公众对社会组织的期待和要求会比企业更高。社会组织需要动员及获得各种社会资源的支持。社会组织品牌的建立也是一种信任关系的建立，一个优质的品牌更能取得人们的了解和信任，提高组织的美誉度。

第二，个性化的有效身份识别。现实中，我国社会组织存在项目同质化加剧的现状，从而给受众留下深刻印象。好的品牌可以加深公众对组织的印象和认可，保障多方相关者的利益，为组织持续发展提供重要基础。

第三，有效增强组织凝聚力和执行力。社会组织良好的品牌建设可以强化价值观传递、增加社会组织公益项目的吸引力和辐射力，提升内部员工的认同感、责任感和归属感，增强组织凝聚力，有助于组织在众多品牌共存的格局下脱颖而出。社会组织内部的凝聚力也促使成员间更加团结，增强执行力。在组织理念使命和宗旨的引领下，组织内部管理变得有条不紊，也让组织变得更有活力。

二、社会组织品牌的提升路径

（一）重视人才培训，提升全员品牌素养

一方面，加强社会组织舆情应对和风险管理的制度建设和培训宣贯工作，使组织全员都树立舆情风险意识，提高对舆情的分析与研判能力，增强同媒体打交道的能力，并通过媒体积极回应网络舆情和引导舆论。另一方面，社会组织要充分认识到媒介素养对品牌建设和传播的重要性和必要性，通过举办工作坊、专业培训等方式向工作人员传递公益传播和品牌建设的理念、方法和技能，提升工作人员依靠专业服务打造组织品牌价值的能力。

（二）重视媒体关系，提升美誉度和影响力

运营好社会组织自有媒体渠道是基础，如官方公众号、视频号、微博号，还要注意利用好外部媒体"朋友圈"，巧用"第三方话语

权"。充分借助主流媒体的传播力和影响力，邀请报纸、电视、广播或新闻网站等媒体的记者深入采访，可以与网上知名的自媒体、网络名人、活跃网民进行协作，积极邀请他们参与体验式传播，进行议题的设置和有效传播。通过官方网站和微博、微信公众号、视频号等渠道扩大传播范围，提升美誉度和影响力，产生潜移默化的效果。

（三）重视受众思维，让品牌建设深入人心

社会组织在信息发布中要贯彻用户思维，持续借助品牌和IP的传播势能，使内容通俗易懂、朗朗上口，有助于提升宣传效果。积极动员社会力量持续关注和深入参与慈善公益项目、讲好"公益传播好故事"，从而带动更多人一起做好事，让慈善公益融入生活，成为一种生活方式，为推动公益慈善事业的可持续发展注入动力。

（四）重视视频叙事，让品牌宣传丰富多元

社会组织面临全新的媒体格局，传播渠道和传播方式等都发生了深刻变化。与图文信息相比，短视频嵌入社会生活程度更深，强烈的视觉冲击力给公益项目的执行和受益群体带来新的表现形式。社会组织应发挥短视频传播形象直观、丰富多元的强大社会叙事功能，表现与讲述慈善公益，注重内容收集和整理，细分目标人群，创新角度开展不同形式的传播活动，建立立体式、多元化的传播渠道，探索品效合一的传播模式。

扩 展 阅 读

做大慈善"朋友圈" 擦亮"善行江苏"品牌

近年来，江苏省慈善总会不断做大慈善"朋友圈"，联合各级慈善总会、机关部门、企事业单位、社会组织、爱心企业、志愿者等力量，让更多涓涓细流流入慈善长河。

"慈善在第三次分配中起到不可替代的调节作用、在社会保障体系中起到不可或缺的补充作用。"省慈善总会会长李小敏说，今年，江苏网络募捐要在结合上下大功夫，具体而言，要将江苏慈善专场与"99公益日"活动紧密结合起来，将省级机关单位"慈善一日捐"与江苏慈善专场和"99公益日"结合起来，将线上线下捐赠更好地结合起来，努力提升集中募捐的整体效果。

在徐州的地铁车厢、公交站台、公园入口等人流密集区域，人们经常能看到慈善宣传信息。徐州市副市长孙文华介绍，为提高慈善项目的知晓率和参与度，徐州不断将线上慈善项目放到线下场景宣传，将慈善专场和"99公益日"的参与方式等信息传播到社区、企业、校园。

相比传统捐赠方式，网络募捐因其信息化、低门槛、便捷高效等特点，使慈善行为更加开放化、大众化，提高了公益行动效率。

节选自：王晓映，刘春. 做大慈善"朋友圈"擦亮"善行江苏"品牌. 新华日报，2023-07-15.

第二节 社会组织品牌建设与价值提升

课程导入

打造"高效慈善、暖心慈善、智慧慈善、全民慈善"

近年来，黑龙江省齐齐哈尔市民政局深入贯彻落实习近平总书记关于慈善事业的重要论述，以打造"高效慈善、暖心慈善、智慧慈善、全民慈善"为目标，构建起"党建引领、政府推动、法制规范、全民参与"的慈善事业发展格局。

在强化组织保障上下功夫，提升"高效慈善"引领力。齐齐哈尔市民政局围绕构建横向到边、纵向到底的工作网络，持续完善运行机制，着力抓实统筹谋划，推动慈善工作一体推进、高效运转。

在提升救助实效上下功夫，提升"暖心慈善"影响力。齐齐哈尔市民政局创新打造"爱在鹤城"公益慈善品牌，聚焦低保对象、低收入群体等开展大病救助、圆梦助学、爱心助残、"佳节送温暖"等系列慈善活动，重点推进"为环卫工人送免费午餐"等特色项目。

在规范管理运行上下功夫，提升"智慧慈善"公信力。齐齐哈尔市民政局坚持需求导向，积极搭建便捷高效的慈善供需对接平台，倡导"指尖公益""链上公益"，畅通社会力量参与慈善活动通道。

在强化宣传引导上下功夫，提升"全民慈善"感召力。齐齐哈尔市民政局在中华慈善日等特殊时间节点，通过发放宣传单页、悬挂宣传条幅、电子屏播放宣传标语等方式，大力宣传慈善理念、慈善成果及感人故事。

节选自：李翠红.打造"高效慈善、暖心慈善、智慧慈善、全民慈善".中国社会报，2024-04-26.

实施品牌战略是社会组织创新发展的重要举措，对社会组织品牌进行建设，是社会组织健康发展的重要抓手。我国的社会组织品牌建设还处于探索阶段。

一、夯实社会组织品牌基础

社会组织品牌基础包含党建工作、组织建设、资源支撑三部分。

（一）党建工作

按照党章规定建立党组织。党组织标准化建设包括班子建设标准化、党员教育管理标准化、组织生活标准化、运行机制标准化、工作保障标准化。发挥党建引领作用，充分发挥社会组织中党组织的战斗堡垒作用、党员的先锋模范作用。

（二）组织建设

社会组织的发展历史包含组织登记成立年限、获得的社会组织评估等级、团队成员、领军人物、专职人员、学历、职称等。社会组织的品牌建设应与组织的使命愿景、品牌规划、项目数量等内容具有关联性、创新性、持续性。社会组织的品牌应做到呈现渠道多样和内容丰富。

（三）资源支撑

包含净资产规模、资源多样性、资源持续性三个方面。资金来源渠道的规模和结构、资金收入的稳定是品牌建设的基础。

二、提升社会组织品牌价值

提升社会组织的品牌价值应从品牌的竞争力、延展力、创新力三个方面进行。

社会组织品牌的竞争力主要体现为社会组织提供的服务领域与社会需求、社会发展趋势的整体契合度；社会组织的产品、服务范围的地域覆盖度，持续时间长、社会知名度高、项目数量和服务质量具有美誉度。社会组织的项目质量管理体系建设、项目和服务等应由第三方实施独立评估并进行对外发布。

社会组织品牌的延展力包含社会组织品牌延伸的类型、实际成效、增长潜力及社会组织品牌的国际化程度。

社会组织品牌的创新力是指技术创新和专业服务、管理技术的引进、研发及应用。社会组织的创新示范包括以技术创新等带动其他社会组织及相关团体产生的创新示范效应。

社会组织品牌建设需要以广泛和丰富多样的传播方式开展宣传，拓展品牌推广渠道。多样化的传播方式和渠道会为组织赢得更多的受众，提高品牌知名度。品牌的传播方式应包含品牌文化传播、品牌叙事传播、公关传播、广告传播、人际传播、名人效应、网络传播等。当前，我国大部分社会组织的传播手段较为单一，往往通过单个公益活动开展，影响力有限。社会组织还应借助社会热点事件做好议程设置，学会通过"蹭热点"来为自己宣传，吸引关注度。社会组织在全媒体时代使用自媒体进行宣传的同时，也不可忽视传统媒体，要形成优势互补。一方面要通过广播、报纸、电视等传统媒体加强品牌传播；另一方面要善用微博、微信、短视频、H5等新媒体，发挥其广泛、及时、强互动、低成本等特点，扩大品牌效应。

扩 展 阅 读

"四维一体"培育模式为社会组织稳定赋能

四川省成都市武侯区社会组织发展在迈入新阶段的过程中，服务水平、服务能力、服务深度更新进度缓慢，社会组织服务特色不突出，综合竞争力薄弱等问题逐渐凸显。2022年11月，为进一步加强武侯区社会组织建设，促进社会组织综合能力和发展水平整体跃升，区民政局牵头制定了第二个社会组织品牌培育三年计划——"星火计划"，依托武侯区社会治理创新服务园等载体，委托第三方机构成都市大同社会工作服务中心负责品牌社会组织培育工作的实施。秉持以评促建、创先争优的原则，搭建"申请—入选—塑造—评估"的"四维一体"培育模式，聚焦社会组织品牌发展的动态数据跟踪、菜单式学习规划和全流程的闭环管理，为社会组织稳定赋能。

"星火计划"将品牌社会组织培育划分为三个培育阶段，分别为品牌萌芽期、品牌初创期、品牌传播期，一般性培育周期为 3 年，每年跃升一个阶段。

入选培育计划后，首先从"品牌金字塔"模型的五个维度（顶层设计、品牌传播、服务品控、能力发展、组织建设）对社会组织品牌建设能力进行前测，把握参训组织的基线水平，得到社会组织的"能力五边形图"，确定社会组织所处的培育阶段。

节选自：四川省成都市武侯区民政局. "四维一体"培育模式为社会组织稳定赋能. 中国社区报，2023-05-19.

第三节 品牌建设实践案例

课程导入

博物馆以人为本不断丰富功能体验——创新社教形式 打造公益品牌

社会教育是博物馆的重要功能之一。近年来，为不断提升博物馆社会教育功能的丰富性、生动性，在传统参观讲解和研学等活动的基础上，全国博物馆积极创新，探索出各具特色的社会教育形式，形成了多种公益新品牌、新 IP。

博物馆社会教育的受众群体并不局限于青少年。在推进博物馆社会教育的过程中，上海博物馆依托馆藏文物资源，策划推出面向老年人的"银发课程"，为老年人提供文博交流平台，丰富老年人的精神文化生活。

作为公共文化服务的重要阵地，博物馆在保障各项传统服务的同时，积极推进公共服务更加适老化，探索和营造多层次老年友好型参观环境。

近年来，为解决部分老人无法完成网上预约的"痛点"，上海博物馆及时加设现场预约服务，并在博物馆商店边建造了一个遮风避雨的现场预约服务点。工作人员帮助参观者现场预约，为老人享受更智能便捷的服务扫清障碍，帮助"银发族"跨越"数字鸿沟"。

节选自：刘源隆，于帆，卢旭，等.创新社教形式 打造公益品牌.中国文化报，2023-04-13.

一、公益传播提升社会组织品牌价值

此部分以中国拍卖行业协会的"小小公益拍卖家"为例展开叙述。中国拍卖行业协会成立于1995年，是我国拍卖行业唯一的全国性社会组织。

"小小公益拍卖家"项目由广东华友拍卖行发起，是中国拍卖行业协会会员单位中首个实现了"公益理念+通识教育+职业启蒙"多元目标融合的持续性公益项目。该项目围绕慈善公益拍卖这一专题主线，从拍卖师个人素养、拍卖行业知识与法规基础、拍卖与公益慈善和拍卖的跨界学科知识四方面展开。该项目让超过万名青少年、一万个家庭体验了成为一名"小小拍卖家"的经历。项目将专业性的拍卖知识和具有开放性的实践活动有机结合，使活动的探究既有趣味性，又有挑战性，让学生在愉快的学习体验中提高综合运用知识和探究创新的能力，培养青少年对公益事业、拍卖行业以及对身边社会现象的认知识别能力，同时注重价值观的正确引导，注重培养学生对社会的感恩和责任担当，取得了很好的社会效果。

全媒体公益传播助力"小小公益拍卖家"插上翅膀。项目开展了青少年慈善宣教、体验网络传播实践活动：自建小程序直播平台，开展直播拍卖体验，线上线下互动，吸引网民关注参与；通过腾讯公益平台开展"99公益日"宣传活动，为开展乡村"小小公益拍卖家"宣教、学习活动筹款；与《中国青年报》、深圳壹基金公益基金会、《每日商报》、杭州残疾人福利基金会、广东省青少年发展基金会在阿里拍卖平台开展"请与我相连""一万个太阳""童心愿，同心圆"等牵手帮扶行动，并在线下同步宣传，让城市青少年帮助留守儿童、孤独症儿童、边远地区儿童实现微心愿，通过艺术疗愈、音乐教室项目传递关爱。与高校志愿者服务团队共同打造网络云支教活动，面向乡村青少年、留守儿童开展系列云课堂活动，通过美育、普法、安全、爱国主义教育提高乡村青少年的综合素质。

政府、公益组织联动打造品牌影响力。"小小公益拍卖家"项目在2021年成为中国宋庆龄基金会主办的粤港澳大湾区青少年公益年会的配套公益项目。广东省政协领导对全国首创的"小小公益拍卖家"项目给予了赞赏。广东省民政厅高度评价"小小公益拍卖家"项目，并期望项目更深入、全面、完善，着力培养青少年良好的价值观，让他们长大后奉献公益、投身社会、报效祖国。

二、社会组织品牌管理与创新

此部分以中华社会救助基金会为例展开叙述。中华社会救助基金会（简称"中华救助"）是2009年1月经民政部批准登记设立的，也是首批认定的具有公开募捐资格的慈善组织。多年来，中华救助聚焦"一老一少一弱"困难群体，公益项目覆盖全国31个省/直辖市/自治区。

（一）品牌建设概述

2021年以来，基金会不断加强整体品牌建设，成立品牌建设部，打造了以"一网双微一抖"（官网、微信、微博、抖音）为主、其他平台为辅的 20 个自媒体品牌宣传矩阵，其中图文平台 12 家，短视频平台 7 家，音频平台 1 家。自媒体运营完成了"品牌建立—平台拓展—持续深耕"的品牌建设和阶段履新。2021 年基金会品牌自媒体已从"初期发展拓展"阶段步入"留存深耕精耕"阶段。

（二）品牌管理的实践与探索

中华救助品牌管理秉持"放管服"原则，即放开、管理、服务。基金会整体品牌的提升，离不开三者的共同作用。

放开方面，该基金会提供统一的品牌传播规范和标准，做到统一品牌标识。其充分发挥并尊重各项目主体的主观能动性，项目执行过程中，动员合作伙伴、受助社群、合作企业、合作媒体等联动传播，多点开花、齐头并进。例如"温暖家园""向阳计划"两个共建项目，品牌部门从立项前、执行中、结项后等全流程参与，通过提供传播规范，规定了基金会标识的使用原则、项目和活动介绍的标准话术模板、视频的标准规范等，同时建立了舆情监测和内容联动机制，各机构实时传输上报自行推广的动态。

管理方面，该基金会建立并遵循危机响应机制、审核机制、沟通机制和参与机制。危机响应机制确保有舆情监测、有应急预案、有口径、有策略、有团队和方法；审核机制确保基金会旗下所有公益项目的内容输出都遵循统一管理，分类分层审核，业务流程清晰；沟通机制在原有沟通基础上设立信息共享文档，减少沟通时间和成本；参与机制要求品牌人员早期介入，深入了解项目活动执行的前因后果，陪伴式支持，发现新闻点，早策划、早准备、早运营，争取基金会和项目品牌传播的效用最大化。

服务方面，该基金会聚焦社会救助主责主业，服务公益伙伴和公益项目。根据需求针对性提供定制化的品牌传播服务，基金会主动设置议题，策划品牌活动事件，优化整合资源为各公益项目创造曝光、筹资机会。

扩展阅读

共同守护哈尔滨冰雪旅游金字招牌

依托丰富的冰雪旅游资源和深厚的冰雪文化底蕴，2023年冬天，黑龙江省哈尔滨市成为人气颇高的旅游网红城市。哈尔滨市民政局主动作为、精准发力，积极引导社会组织参与"相约冰雪季、筑梦亚冬会"活动，助力哈尔滨冰雪经济发展。

市民政局向全市社会组织发出倡议，引导全市各级社会组织充分发挥专业优势，全面做好服务、宣传、推介工作，助力打造"冰雪文化之都"，为促进哈尔滨市冰雪经济发展贡献社会组织力量。全市社会组织广发"英雄帖"，推介冰雪旅游精品线路和"冰雪+体育""冰雪+民俗""冰雪+文化"等深度融合的冬季特色旅游产品，诚邀各地游客体验北国风光，彰显"礼迎天下客、冰雪暖世界"的敦厚与担当。

全市各行业协会商会以"赏冰乐雪，活力龙江"为主题，在旅游推广、交通中转、住宿餐饮等方面提供专业化、个性化服务保障。哈尔滨市网约车行业协会发布了《行业从业者自律倡议书》和《关于规范网约车行业经营行为的通知》，加大力度满足市民和游客出行需求；哈尔滨市旅游协会召开了全市旅行社培训会议，提升旅行社服务质量，增强服务保障意识，有效应对高峰期旅游需求。

节选自：丁庆海.共同守护哈尔滨冰雪旅游金字招牌.中国社会组织，2024（6）.

思考题

1. 请概述社会组织的品牌包含哪些要素？
2. 社会组织品牌有哪些具体的提升路径？

3. 以具体案例评价社会组织品牌活动的社会效果。

模拟情景练习

每年的 5 月 16 日为全国助残日，2024 年全国助残日的主题是"科技助残，共享美好生活"，假设你是具有公募资质的某残疾人福利基金会传播负责人，请围绕近年来全国助残日的主题拟定一份品牌公益项目活动方案，要求传播平台包括传统媒体和新媒体。

参考文献

［1］徐腊凤，史秋霞. 近十年我国社会组织品牌建设的研究回顾与展望. 长春理工大学学报（社会科学版），2021，34（2）.

［2］陈玉宇. 广州市社会工作服务机构品牌建设研究. 广州：广东工业大学，2019.

［3］郁可. 公益组织品牌建设研究：以瓷娃娃罕见病关爱中心为例. 现代交际，2016（22）.

第十二章
社会组织社会责任

学习目标

1. 学习社会组织社会责任的含义
2. 掌握社会组织履行社会责任的主要内容
3. 熟悉社会组织 ESG 发展的评价指标

第一节 社会组织社会责任综述

课程导入

民政部部管社会组织积极参与防汛救灾工作
危急时刻彰显责任担当

2023 年，京津冀及东北地区遭遇严重暴雨洪涝灾害，民政部部管社会组织积极响应，立足自身优势，整合信息资源，组织协调力量参与救援、捐赠物资，并倡导会员单位和社会力量参与防汛救灾和灾后重建工作，贡献自身力量。

汛情发生后，中华慈善总会蓝天救援基金紧急派出专业救援队参加防汛排涝抢险救援，助力北京、河北、天津等地救灾工作；中国慈善联合会救灾委员会组织会员单位赴一线参加救灾救援行动；中华社会救助基金会第一时间成立应急救援小组，共协调各地救援合作队伍32家近400名救援队员，在北京市房山区、河北省邢台市和涿州市等地开展救援工作，累计转移受困群众4 000余人；中华志愿者协会组织1 300余名救援志愿者，组成89支救援队，协调派出95艘冲锋舟协助转移安置受灾群众，并筹集矿泉水、方便面、医疗急救物品等救援物资1.7万余件（箱），及时送达受灾群众手中。

洪水对受灾人群的心理健康造成了极大冲击，进行灾后心理疏导工作至关重要。中社社会工作发展基金会及时开通了灾害心理援助热线，组建由心理专家组成的咨询服务团队，开展灾害心理援助和危机干预服务；中国社会工作联合会广泛链接社会资源，组织协调241支社会救援和救灾队伍、约8 000名志愿者，直接提供受灾地区救援服务和专业心理援助，协助北京和河北受灾地区处理1 176条求助信息。

节选自：涂兆宇.民政部部管社会组织积极参与防汛救灾工作 危急时刻彰显责任担当.中国社会报，2023-08-21.

一、社会责任概述

（一）社会责任标准

2010年11月，社会责任国际标准ISO26000正式出版。ISO26000是社会责任发展的里程碑和新纪元，在全球范围统一了社会责任的定义，明确了社会责任的原则，鲜明地指出组织履行社会责任的核心主旨，同时描述了以可持续发展为目标，将社会责任嵌入组织战略和日常活动的路径和方法。我国于2015年6月2日发布并于2016年1月1日实施《社会责任指南》GB/T 36000—2015，其与《社会责任报告编写指南》GB/T 36001—2015和《社会责任绩效分类指引》GB/T 36002—2015共同构成支撑社会责任活动的基础性系列国家标准，为组织制定社会责任发展战略提供了行业执行标准。

（二）社会组织社会责任

社会组织作为社会结构中的重要组成部分，在推动社会发展、维护公共利益方面扮演着不可或缺的角色。其社会责任不仅体现在遵守法律法规、履行基本职责上，更在于积极回应社会需求，参与解决社会问题。这包括但不限于促进教育公平、环境保护、灾难救助、弱势群体关怀等方面的工作。同时，社会组织还应致力于提升自身透明度和公信力，确保资金使用合理有效，加强与社会各界的合作与沟通，共同构建和谐稳定的社会环境。通过这些努力，社会组织能够在实现自身发展目标的同时，为社会的整体进步贡献力量。

二、社会组织履行社会责任的主要内容

我国社会组织履行社会责任具有不同于政府、企业的独特性，根据利益相关者理论，可以把社会组织的社会责任具体划分为对组织内员工的责任、对捐赠者的责任、对服务对象的责任、对政府的责任、对其他社会组织的责任、信息公开的责任等。

（一）对组织内员工的责任

对组织内员工的责任主要指维护员工的合法权益和提高组织

发展的规范化程度。指标包括签订劳动合同；是否按时发放工资和津贴；组织规章制度公开化程度；社会组织全部人员平均人工费水平；薪酬支出占总支出的比重；人工费支出占总支出的比重；等等。

（二）对捐赠者的责任

对捐赠者的责任主要是尊重捐赠者意愿，确保捐赠物资和捐赠活动的规范运作，自觉接受社会监督。包括专项捐赠协议履约率；专项捐赠收入中用于该项目的支出比重；捐赠信息的透明度；组织收入对外公布的比例；等等。

（三）对服务对象的责任

对服务对象的责任主要是指按照组织使命开展的服务活动，实现既定目标的责任。指标包括服务对象满意率；对援助、赠予对象进行跟踪调查的比例；等等。

（四）对政府的责任

对政府的责任主要是指遵守相关法律法规。指标包括有无违法违规现象；为国家或政府部门提供的政策建议数量及增长率；被国家或政府部门采纳的政策建议数量及增长率；公共政策建议项目占整个组织活动项目的比例；等等。

（五）对其他社会组织的责任

对其他社会组织的责任主要是指加强与同行业组织的交流，公平竞争、互动合作的责任。指标包括有无不正当竞争行为、与同类组织沟通协作的项目数量及增长率等。

（六）信息公开的责任

按登记管理部门要求，应主动公开的本组织的基本信息。依据民政部《慈善组织信息公开办法》，应当依法履行信息公开义务，信息公开应当真实、完整、及时。

> **扩 展 阅 读**
>
> **陕西社会组织"合力团"助力乡村振兴显身手**
>
> 截至2023年，陕西共有"合力团"190个，其中省级12个、市县两级178个，累计带动成员单位省级478家、市县两级1 108家，与43个乡村振兴重点帮扶县区的130个重点帮扶乡镇村形成"一对一""多对一"结对帮扶关系。
>
> 陕西社会组织"合力团"的创建时间可以追溯到2019年7月，当时省民政厅将143家自愿报名的省级社会组织组成12个"扶贫合力团"，以"多对一"方式集中帮扶全省11个深度贫困县和省民政厅牵头包联的洛南县。
>
> 2021年7月，陕西省民政厅召开全省性社会组织助力乡村振兴动员会，把"扶贫合力团"更名为"乡村振兴合力团"；2022年5月，出台《陕西省动员引导社会组织参与乡村振兴工作实施方案》，向全省发出建立三级"合力团"总动员。
>
> 三级"合力团"都在县里实施项目，会不会出现项目交叉、重叠，甚至冲突？略阳县民政局副局长封小玲告诉记者，县民政局与乡村振兴局对村民需求做了详细台账，会提供给各级"合力团"；各级"合力团"自己也开展需求调研，并与县民政局沟通。所以，三级"合力团"在同一个县实施项目时也都井然有序。
>
> 节选自：赵宇新.陕西社会组织"合力团"助力乡村振兴显身手.中国社会报，2023-05-19.

第二节 社会组织 ESG 探索

课程导入

呼唤 ESG "本土化"指标 社会组织深度参与 ESG 引发关注

2023 年 4 月 2 日，上海真爱梦想公益基金会发布行业首份报告《2022 年度环境、社会与治理报告（ESG）》；8 月 22 日，智惠乡村志愿服务中心在北京宣布设立"东方 ESG 研究院"；11 月 7 日，中国青少年发展基金会在第六届进博会上举办"希望工程 ESG 公益研讨会"……这无疑展现出了社会组织融入 ESG 的发展愿景。

推动 ESG 实践与公益事业发展，离不开政府、企业、社会组织同心、同力、同行。政府倡导 ESG 议题时，引入了更多不同类型的社会主体（如社会组织）；企业引入外部专业力量，在开放共赢中解决实质性议题；社会组织在内部形成 ESG 统一认知，积极赋能，推动行业可持续发展。

不过，社会组织与 ESG 的强关联也面临一系列挑战。国际上 ESG 广义的指标体系，令非营利属性的社会组织对标有一定不适。如何推动更多适应中国的 ESG 指标形成，推动 ESG 本土化，成为政府、企业、社会组织共同努力的方向。

节选自：张明敏. 呼唤 ESG "本土化"指标 社会组织深度参与 ESG 引发关注．（2023-11-28）[2024-12-23]. www.gongyishibao.com/html/ESG/2023/11/25800.html.

ESG 是环境、社会和公司治理（environment, social and governance）的缩写，是一种关注企业环境、社会、治理绩效而非传统财务绩效的投资理念和企业评价标准。

社会组织践行 ESG 原则，意味着其在运营、项目实施及治理中，将环境保护、社会责任及有效治理作为核心考量。

一、ESG 评价对社会组织发展的重要意义

ESG 评价为社会组织提供了一个全面的框架，以评估和改进其在环境、社会和治理方面的表现。这不仅有助于提升社会组织的专业形象和运营效率，还能够促进其在国际舞台上的交流合作，最终推动社会的可持续发展。

（一）有助于社会组织提升品牌形象

ESG 评价是指对社会组织在环境、社会和治理方面的表现进行全面、系统的评估。通过公开、透明地报告其在环境、社会和治理方面的表现，优秀的 ESG 表现能够彰显社会组织在非财务领域的责任感和卓越管理，从而增强公众、捐赠者、合作伙伴对其的信任和认可，增进公众对其使命履行、资源使用效率和透明度的信任，有助于塑造积极的社会形象，吸引媒体关注和社会赞誉，提升品牌知名度和社会好感度。

（二）有助于社会组织履行社会责任

社会组织作为社会的重要组成部分，承担着推动社会进步、服务公众的重要使命。ESG 评价要求社会组织在关注经济效益的同时，更加注重环境保护、社会责任和公司治理等非财务因素，这有助于引导社会组织更加积极地履行社会责任，提升其在社会中的影响力和认可度。通过 ESG 评价，组织可以更好地量化和展现其在

解决环境问题、提升社会福祉、推动良好治理等方面的实际贡献，有助于实现其社会使命，增强社会影响力。

（三）有助于社会组织吸引社会支持

随着 ESG 理念的普及和深入人心，越来越多的投资者、捐赠者和合作伙伴开始关注企业的 ESG 表现。专业化的发展有助于社会组织在公益行业中树立良好的形象，增强影响力和竞争力。良好的 ESG 评价结果可以作为吸引和保留这些资金支持的有力证明，社会组织通过积极参与 ESG 评价并取得良好成绩，可以吸引更多具有社会责任感的投资者和捐赠者，获得更多的资金和资源支持，为组织的发展注入新的动力。

（四）有助于社会组织实现持续发展

ESG 评价强调，企业在追求经济效益的同时，要关注环境保护、社会和谐和公司治理等方面的可持续发展。通过公开透明的 ESG 信息披露，社会组织能够展现其对员工福利、会员权益、服务对象关怀、社区贡献等方面的重视，有助于增强与各利益相关群体的沟通与信任，构建良好的合作关系。社会组织通过践行 ESG 理念，可以在推动社会进步的同时，实现自身的可持续发展，为社会的长期繁荣稳定做出贡献。

二、社会组织 ESG 发展的评价指标

（一）环境维度

环境维度包括绿色运营、环保项目、供应链管理等。

绿色运营：减少办公场所能耗，采用节能设备，推广电子化办公以减少纸张消耗，实施垃圾分类与循环利用，倡导远程会议以减

少差旅造成的碳排放。

环保项目：发起或参与环保公益活动，如生态保护、污染治理、气候变化应对等，促进社会公众对环境问题的关注与行动。

供应链管理：如果社会组织涉及物资采购或服务外包，应考虑供应商的环境表现，选择符合环保标准的合作伙伴，推动供应链绿色化发展。

（二）社会维度

社会维度包括社会服务、社区参与、利益相关者关系等。

社会服务：确保提供的各项社会服务符合公平、公正、包容的原则，关注弱势群体需求，提供针对性的支持与援助。

社区参与：加强与服务社区的互动，鼓励志愿者参与，开展社区共建活动，增强社区凝聚力与社会资本。通过各种渠道宣传ESG理念，举办研讨会、培训课程、公众讲座等活动，提升社会公众的ESG意识。

利益相关者关系：妥善处理与捐赠者、会员、员工、合作伙伴、受益人群等利益相关者的权益关系，确保透明度和公平性。

（三）治理维度

治理维度包括组织架构与决策机制、风险管理、透明度与信息披露等。

组织架构与决策机制：建立清晰的组织结构，完善内部治理规则，确保决策过程的公开、透明与民主参与。

风险管理：识别并有效管理各类运营风险，包括财务风险、声誉风险、合规风险等，建立健全风险防控机制。

透明度与信息披露：定期发布财务报告、年度报告、ESG报告等，详细披露组织的运作状况、财务状况、项目成效、ESG实践与成果，接受公众监督。

通过上述路径，社会组织能够系统地推进 ESG 实践，不仅可以提升自身的可持续运营能力，还能在更广泛的层面上推动社会福祉的提升与环境问题的解决，实现与社会、环境的和谐共生。

扩展阅读

中国社会工作联合会 ESG 联席会议在京召开

2023 年 5 月 16 日，中国社会工作联合会首次 ESG 联席会议在京召开。ESG 联席会议由中国社会工作联合会发起，联合倡导积极履行社会责任的企业，共同搭建"共商、共建、共享、共赢"的合作平台，助力建设人与自然和谐共生、全体人民共同富裕的中国式现代化，共促经济和社会高质量发展。

会议介绍了组建 ESG 联席会议的目的、愿景、任务和工作计划，与会代表交流了推进 ESG 工作的实践经验和创新成果，听取了筹备组关于 ESG 联席会议的筹备情况汇报，讨论了《ESG 联席会议机制管理办法》，一致通过了关于共同推动中国 ESG 事业高质量发展的《倡议书》。

未来，中国社会工作联合会 ESG 平台将重点围绕营造 ESG 生态、交流 ESG 经验、开展 ESG 培训、建立 ESG 标准、组织 ESG 评估、发布 ESG 报告、加强国际交流合作等方面开展工作，使企业 ESG 工作既与国际标准融合，又充分体现中国特色，同时为国际社会提供中国经验，贡献中国智慧。

节选自：刘尚君.中国社会工作联合会 ESG 联席会议在京召开.（2023-05-24）[2024-12-13]. https://gy.youth.cn/gywz/202305/t20230524_14538468.htm.

第三节 社会组织的社会责任案例

课程导入

推动社会组织在共同富裕示范区建设中谱写新篇章

社会组织在保障和改善民生、加强和创新社会治理中发挥着越来越重要的作用。2024年《政府工作报告》提出，要引导支持社会组织、人道救助、志愿服务、公益慈善等健康发展。浙江省杭州市民政局以社会组织高质量发展为主线，探索创新模式、深化改革举措，推动社会组织工作与经济社会发展相协调、与共同富裕美好社会建设相适应，丰富了社会组织领域的杭州经验。

杭州市民政局围绕"四个服务"，充分发挥社会组织独特作用，连续举办11届社会组织公益嘉年华，成功打造社会组织成长赋能平台，推动杭州都市圈和长三角地区社会组织在公共服务领域深化合作与交流。杭州市社会组织主动参与东西部合作、山海协作和乡村振兴，共投入资金2.2亿元，资助989个慈善公益项目，惠及群众142万人。行业协会商会积极助企纾困，减免和降低各类企业收费近7 000万元。杭州亚（残）运会期间，600余家社会组织参与服务亚（残）运公益项目259个，开展志愿服务4 000余次，带动19万余人次群众参与。

节选自：徐雯.推动社会组织在共同富裕示范区建设中谱写新篇章.中国社会报，2024-03-11.

一、组织介绍

深圳市雨燕残疾人关爱事业发展中心（简称"雨燕中心"）是经深圳市民政局批准于 2017 年正式登记成立的社会服务机构，是一家致力于让残障者平等参与、多元融入社会的助残社会组织。雨燕中心的服务宗旨是倡导残障者自尊、自信、自强、自立、平等参与社会生活，为残障者搭建交流平台，专注残障者身心健康，培养他们积极向上的信念；开展残障者职业指导、创业指导与就业服务；组织和协助心理咨询；策划与组织关爱残障者公益活动，帮助残障者家庭树立积极乐观的信念，以融入社会。

雨燕中心与当地残联共同努力，探索出一条适合当地残障者发展的"七位一体"路径。"七位一体"包括开展精准康复医疗服务、持续提升职业技能培训、探索就业新产业新业态、多层次学历提升计划、培养人才培优计划、支援特殊儿童康复教育、推动创业发展带动就业。

二、践行乡村振兴战略，积极服务残障者

雨燕中心为了巩固拓展扶贫与乡村振兴的有效衔接推广残障者精准康复服务，为帮助残障者就业创业打下了良好的基础，提升残障者参加劳动和融入生活的能力。2021 年至 2022 年，雨燕中心负责人带头为残障者提供康复医疗服务，亲自走基层送温暖。服务地区不仅在深圳市，还覆盖了广东其余县市，以及云南、贵州等 14 个省份（自治区）的 52 个地区，在服务地区开展残障者肢体矫形与重建义诊，在义诊现场普及致残疾病相关知识和预防措施，同时入户为残障者开展康复训练指导、疾病预防公益行动，并联合地方政府相关单位为肢体残障者提供更好的矫正治疗。其间累计开展 76 场义诊，义诊残障者 4 093 人，救治患者 405 人。

三、创新助残就业新业态，实现残障者多元发展

龙华区民治街道龙悦居是深圳市残障者居住最为集中的小区，900多名残障者在这里居住，有着庞大的就业和创业需求。为满足残障者融入社会的需要，深圳市龙华区残联与雨燕中心合作打造了龙华区残障者就业创业基地——IC爱创空间，为辖区内残障者提供针对性的帮扶服务，政府投入资源在距离龙悦居约3公里的地方，打造建筑面积约2 000多平方米的助残就业创业服务场所。IC爱创空间成立了深圳市龙华区残障者就业创业指导中心，以残障者为服务对象，围绕残障者群体的需求，整合多方资源提供差异化服务，包括残障者就业创业帮扶与技能输出、身心康复、残障者艺术潜能激发等，成功开发出互联网开发、翻译、外贸、教育、花艺、AI、3D打印、人力资源等十余种岗位，一些重度残障者还可居家就业。目前中心已孵化23家企业及社会组织，其中科技企业居多。雨燕中心带头人张莹莹发现了AI领域后台数据录入对人力有着大量需求，这对于残障者是个绝佳的就业机会，她开始培训残障者进入这一领域，让很多视障人士成为了AI领域的从业者。"雨燕中心"以创业带动就业，让残障伙伴们收获新生。

四、实际行动践行社会责任，争当先锋模范

自2017年起，雨燕中心每年吸纳200～500名残疾人就业，连续五年依靠组织自身创造的利润为社会培养了近3 000名残障者"技术骨干"，组织内部残障员工占总员工数的90%以上，体现了社会组织解决社会问题的责任与使命担当。五年中实现了重度残障者居家就业6 000余人，倡导并用实际行动践行对重度残障者群体的格外关注、格外关心。

2019年，雨燕中心团队获得广东省"众创杯"创业创新大赛企业助残组银奖，荣获深圳市4A级社会组织；2021年荣获"第十三届中国青年志愿者优秀组织奖"、第25届"中国青年五四奖

章"、"全国道德模范"、"全国三八红旗手"等多项荣誉。其深刻践行了助残社会组织的责任担当,起到了引领社会组织的示范效应。

扩展阅读

用心用力用情解决群众急难愁盼
——重庆社会组织支援西藏昌都经济社会建设侧记

重庆市民政局高度重视援藏工作,多次召开联系帮扶和对口援藏工作会议,印发《关于做好全市社会组织支援西藏昌都建设有关事项的通知》,广泛动员社会组织聚焦西藏昌都经济社会发展需要、社会需要、群众需要,通过资金支持、技术指导、资源供给、人才培养、信息咨询、公共服务、民生工程等各种形式参与支援西藏工作。

基层社会治理一直是昌都民政的重点工作之一。为此,重庆社工组织专程来到昌都成立昌都市春天社会工作服务中心,并引入重庆17名专业社工参与运营昌都市首批46家社工站(点),吸纳本地大学生133人就业,不仅打通了基层民政为民服务"最后一米",也填补了昌都无社工服务中心的空白。

如何加强昌都社会组织同内地社会组织的交往、交流、交融?援藏队牵线搭桥,联合昌都市民政局、芒康县人民政府共同引导渝昌两地社会组织支援昌都经济建设,吸引重庆照明电器协会、重庆市气体行业协会、重庆市网商协会、重庆市文化和旅游协会及庆铃汽车股份有限公司、重庆字节跳动科技有限公司等40余家社会组织和社会企业,自筹资金2 600余万元策划实施大型群众性体育文化庆祝活动——昌都市第九届三江茶马文化艺术节(芒康会场)。

节选自:重庆市第十批援藏干部人才工作队.用心用力用情解决群众急难愁盼:重庆社会组织支援西藏昌都经济社会建设侧记.中国社会组织,2023(21).

思考题

1. 企业社会责任和社会组织社会责任有哪些共同点和不同点?
2. 我国社会组织履行社会责任的 ESG 评价指标有哪些?
3. ESG 评价对社会组织发展的意义是什么?

模拟情景练习

2024 年 2 月 29 日是第十七个国际罕见病日,假设你是一名罕见病慈善组织的负责人,正在组织策划一次社区的罕见病科普倡导型活动,主题是"点亮生命——关注××罕见病科普宣传",请编写活动策划文案和新闻稿(新媒体视频平台发布)。

参考文献

［1］王永明,卢春梅,夏忠臣. 非营利组织如何承担社会责任. 党政论坛,2016(8).

［2］卢春梅. 我国非营利组织承担社会责任问题研究. 齐齐哈尔:齐齐哈尔大学,2016.

图书在版编目（CIP）数据

社会组织管理与公益传播：AI时代的创新发展 / 崔炜，陈春娟著. —— 北京：中国人民大学出版社，2025.3. —— ISBN 978-7-300-33789-0

Ⅰ. C916.1；C913.7；G206.2

中国国家版本馆CIP数据核字第2025DS1752号

社会组织管理与公益传播
AI 时代的创新发展

崔　炜　陈春娟　著

Shehui Zuzhi Guanli yu Gongyi Chuanbo

出版发行	中国人民大学出版社		
社　　址	北京中关村大街 31 号	邮政编码	100080
电　　话	010-62511242（总编室）		010-62511770（质管部）
	010-82501766（邮购部）		010-62514148（门市部）
	010-62515195（发行公司）		010-62515275（盗版举报）
网　　址	http://www.crup.com.cn		
经　　销	新华书店		
印　　刷	北京密兴印刷有限公司		
开　　本	890 mm × 1240 mm　1/32	版　次	2025 年 3 月第 1 版
印　　张	6.5 插页 1	印　次	2025 年 3 月第 1 次印刷
字　　数	172 000	定　价	38.00 元

版权所有　　侵权必究　　印装差错　　负责调换